AF270092

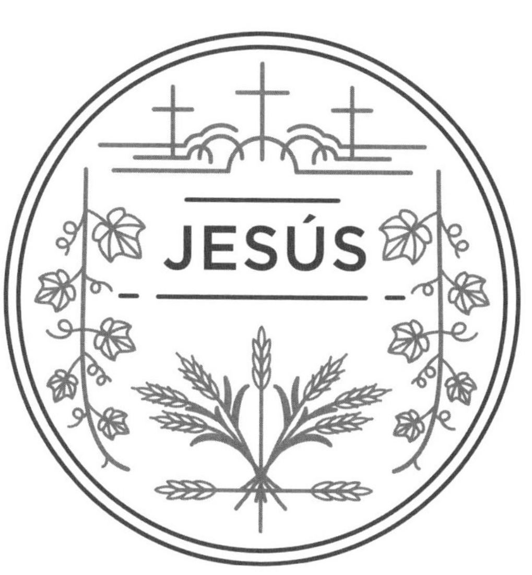
JESÚS

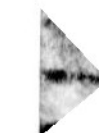

LA VIDA Y EL MINISTERIO DE DIOS HIJO

A. W. TOZER

La misión de *Editorial Portavoz* consiste en proporcionar productos de calidad —con integridad y excelencia—, desde una perspectiva bíblica y confiable, que animen a las personas a conocer y servir a Jesucristo.

Publicado originalmente en Estados Unidos por Moody Publishers, 820 N. LaSalle Blvd., Chicago, IL 60610 con el título *Jesus,* copyright © 2017 por The Moody Bible Institute of Chicago. Traducido con permiso. Todos los derechos reservados.

Título en castellano: *Jesús,* © 2021 por Editorial Portavoz, filial de Kregel Inc., Grand Rapids, Michigan 49505. Todos los derechos reservados.

Traducción: Daniel Menezo

Ninguna parte de esta publicación podrá ser reproducida, almacenada en un sistema de recuperación de datos, o transmitida en cualquier forma o por cualquier medio, sea electrónico, mecánico, fotocopia, grabación o cualquier otro, sin el permiso escrito previo de los editores, con la excepción de citas breves o reseñas.

A menos que se indique lo contrario, todas las citas bíblicas han sido tomadas de la versión Reina-Valera © 1960 Sociedades Bíblicas en América Latina; © renovado 1988 Sociedades Bíblicas Unidas. Utilizado con permiso. Reina-Valera 1960™ es una marca registrada de American Bible Society, y puede ser usada solamente bajo licencia.

Las cursivas en los versículos bíblicos son énfasis del autor.

EDITORIAL PORTAVOZ
2450 Oak Industrial Drive NE
Grand Rapids, Michigan 49505 USA
Visítenos en: www.portavoz.com

ISBN 978-0-8254-5804-0 (rústica)
ISBN 978-0-8254-6717-2 (Kindle)
ISBN 978-0-8254-7537-5 (epub)

1 2 3 4 5 edición / año 30 29 28 27 26 25 24 23 22 21

Impreso en los Estados Unidos de América
Printed in the United States of America

CONTENIDO

NOTA DEL EDITOR

A. W. Tozer fue un hombre que se encontró con el Dios vivo, y que decidió que su misión en la vida sería ayudar a otros a conocer a su Creador y Redentor. Además, estaba convencido de que la única manera de conocer a Dios era por medio de su Hijo, Jesucristo, que es la imagen fidedigna y la revelación de Dios.

Los diecisiete extractos que verás a continuación son una pequeña muestra de los escritos de Tozer sobre la persona y la obra de Dios Hijo. Aborda temas como la naturaleza eterna del Hijo, su unicidad con el Padre y con el Espíritu Santo, su encarnación, su misión para salvar a la humanidad perdida, su obra intercesora en los cielos hoy, su próxima venida y su reinado eterno.

Lo que encontrarás en las páginas siguientes es un llamamiento para reconocer a Cristo por quien es, y para someterte diariamente a Él como Señor y Salvador. Tal como lo expresaba Tozer, Cristo es el centro de todas las cosas. Es Creador, Sustentador y Benefactor, Aquel que nos hizo para su gloria y para recibir el regalo de su amor:

Hemos recibido de su plenitud. Esto no puede significar de ninguna manera que ninguno de nosotros haya recibido toda su plenitud. Significa que Jesucristo, el Hijo eterno, es el único medio por el que Dios dispensa sus beneficios a su creación.

Dado que Jesucristo es el Hijo eterno, dado que tiene la generación eterna y es igual al Padre en lo que se refiere a su sustancia, su eternidad, su amor, su poder, su gracia, su bondad y todos los atributos de la deidad, es el canal por medio del cual Dios dispensa todas sus bendiciones. (Extracto del capítulo 3).

Aunque estas son palabras de un hombre que murió hace décadas, dan testimonio del Hijo del Hombre y del Hijo de Dios, el Eterno, nuestra fuente de Luz y de Vida. Tozer no querría que el lector se centrase en él o en su obra, sino en la gloria de Jesucristo. Deseo que todos los extractos que componen este volumen te señalen el camino hacia Él y te inspiren a adorarle con temor reverente y con gratitud.

EL DIOS QUE EXISTE POR SÍ MISMO

En el principio era el Verbo.

JUAN 1:1

Cualquier hombre o mujer que sea realmente sensible a la verdad divina descubre que existe cierto tipo de ahogo espiritual que a menudo sentimos cuando intentamos asimilar los primeros versículos del Evangelio de Juan, o también podríamos decir los primeros versículos de Génesis.

Ningún hombre es lo bastante grande o capaz, por su propia fe y su experiencia, de explicar a otros estos pasajes bíblicos clave. De hecho, nadie debería predicar sobre la expresión "En el principio…", pero la frase está ahí, y también en nuestra enseñanza.

Hacemos todo lo que podemos por estudiar y aprender, y no cabe duda de que aquí encontraremos un mensaje profundo y útil, pero aun así nos embargará la sensación, como dijo hace años un poeta, de que "los necios se apresuran a recorrer lugares que los ángeles no se atreven a pisar".

Debemos meditar sobre la naturaleza eterna de Dios para poder adorarle como debemos hacerlo. Mira, a menudo hago referencia a Frederick William Faber, cuyo gran corazón de adoración indagó en estos misterios durante toda su vida, transcurrida en el siglo XIX; él celebró la visión de la existencia eterna de Dios con estas palabras cálidas y maravillosas:

> ¡Padre! ¡El Nombre más dulce y amado
> que conocen hombres o ángeles!
> Fuente de vida, que no tuvo fuente
> de la que ella misma fluyese.
> Cuando aún no existían cielos y tierra,
> cuando el tiempo aún no se conocía,
> Tú, en tu gloria y majestad,
> vivías y amabas a solas.
> Tu vastedad no es nueva ni antigua;
> tu vida nunca empezó;
> el tiempo no puede medir tus días,
> ni el espacio levantar tu trono.

Hermanos, sin duda este debe ser uno de los pensamientos más grandes e impactantes que podamos tener en la vida: que de quien hablamos es del Dios viviente y eterno, ¡y admitimos que solo en Dios puede darse la existencia que no tiene causa!

Dentro de este contexto, confieso que me entristece la superficialidad del pensamiento cristiano de nuestros tiempos. A muchos les interesa la religión como si fuera una especie de juguete. Si me permites emitir un juicio, da la sensación de que hay muchos hombres y mujeres que asisten a la iglesia sin el deseo genuino de relacionarse con Dios. No acuden para encontrarse con Él y deleitarse en su presencia. ¡No vienen para recibir noticias del mundo eterno y trascendente!

No cabe duda de que debemos ser conscientes de que todo lo que nos rodea tiene una causa. Tú tienes una causa, como la tengo yo. Todo lo que conocemos es el efecto de alguna causa.

Si pudiéramos meternos en algún tipo de máquina especial que nos llevase atrás en el tiempo, recorriendo a la inversa los siglos de la historia, llegando hasta el momento anterior a la creación, quizá podríamos llegar hasta ese punto donde no había nada ni nadie ¡excepto el mismo Dios!

> **Debemos ser conscientes de que todo lo que nos rodea tiene una causa.**

Si imaginamos que fuera posible borrar la historia y todo lo que hay en el universo, veríamos que en Dios habita la existencia sin causa; Dios, autosuficiente, increado, que no ha nacido ni ha sido hecho, solo Dios, el Dios viviente, eterno y que existe por sí mismo.

Comparado con Él, todo lo que nos rodea en este mundo merma en estatura y en importancia. Comparado con Él, nada tiene importancia: las pequeñas iglesias con sus pequeños predicadores, los pequeños escritores y editores; los pequeños cantantes y músicos; los pequeños diáconos y responsables; los pequeños educadores y estadistas; ¡las pequeñas ciudades con sus pequeños habitantes e instituciones!

Hermanos, la humanidad está tan aplastada bajo los diminutos granos de polvo que componen el mundo, el tiempo, el espacio y la materia, que tendemos a olvidar que, en determinado momento, Dios vivió, habitó, existió y amó sin apoyo, sin ayuda y sin creación.

¡Este es el Dios que no tiene causa, que existe por sí mismo!

Este Dios con quien nos relacionamos nunca ha tenido que recibir nada de nadie. No hay nadie ni nada con quien Dios haya estado en deuda.

Algunas personas tienen la desfachatez de pensar que cuando

depositan un billete de diez dólares en la bolsa de la colecta dominical están ayudando al Dios viviente.

No creo exagerar cuando digo que algunos de nosotros metemos la colecta en la bolsa con cierta actitud triunfal, como diciendo: "¡Ahí va eso! ¡Ahora Dios se sentirá mejor!".

DIOS NO NECESITA NADA

A lo mejor esto les duele a algunos de ustedes, pero tengo la obligación de decir que Dios no necesita nada de lo que tienen. No necesita ni un céntimo de su dinero. Lo que está en juego en asuntos como este es el propio bienestar espiritual de ustedes. En el acto de ofrendar a Dios de lo que somos y tenemos, radica un principio hermoso y enriquecedor, pero ninguno de nosotros da porque el cielo padezca una recesión económica.

La enseñanza bíblica está clara: tienes derecho a conservar para ti solo lo que tienes, pero se oxidará y se pudrirá y, en última instancia, será tu ruina.

Hace mucho tiempo, Dios dijo: "Si yo tuviese hambre, no te lo diría a ti; porque mío es el mundo y su plenitud" (Salmos 50:12). Si el Dios vivo tuviera necesidad de algo, ya no sería Dios.

Muy bien, eso fue antes del principio. Aquí lo que nos interesa es lo que dice la Biblia sobre antes de la fundación del mundo.

Se nos dice que al principio Dios creó. Somos conscientes de que Dios no depende de su propia creación.

Si Dios necesitara ayuda o fuerza, no sería omnipotente y, por lo tanto, no sería Dios.

Si Dios necesitase consejo de alguien, no sería soberano. Si necesitara sabiduría, ya no sería omnisciente. Si necesitara apoyo y sustento, no podría existir por sí mismo.

Es decir, que, por lo que respecta al ser humano, hubo un principio y una creación. La expresión "en el principio" no señala la fecha de nacimiento del Dios Todopoderoso, sino el momento del tiempo, tal como lo entendemos, en el que Dios dejó de estar solo y empezó a crear el tiempo y el espacio, las criaturas y los seres vivos.

Sin embargo, aún no estamos listos para abandonar esa circunstancia previa a la creación, antes de que se echasen los cimientos del mundo, cuando Dios habitaba solo, el Ser increado; el Padre en amor con el Hijo, el Hijo con el Espíritu Santo, y el Espíritu con el Padre y el Hijo.

Dios es el Dios eterno, que habita en medio de una tranquilidad que no tuvo principio y que no puede tener final.

Es posible que te hayas dado cuenta de que no he utilizado la expresión "el vacío previo a la creación". *Vacío* es un término bueno y útil. Cuando no sabemos qué más decir, decimos que hay un "vacío" en la conversación.

Sin embargo, antes de la creación, Dios estaba allí, y Dios no es un vacío. Es el Dios trino, y es todo lo que existe. En su existencia anterior a la creación, Dios ya estaba ocupado, atareado con misericordias eternas. Su mente estaba llena de pensamientos compasivos y de planes de redención para una humanidad a la que ni siquiera había creado todavía.

Este es un momento idóneo para leer Efesios 1:4-5: "según nos escogió en él antes de la fundación del mundo, para que fuésemos santos y sin mancha delante de él, en amor". Soy muy consciente de que, a veces cuando predico, inquieto mucho a los calvinistas. Sé

> **Dios es el Dios eterno, que habita en medio de una tranquilidad que no tuvo principio y que no puede tener final.**

también que, en ocasiones, cuando predico, inquieto a los arminianos, y posiblemente es en este momento cuando estén sudando más.

ANTES DE LA CREACIÓN

Pablo dijo a los creyentes de Éfeso que fuimos escogidos en Cristo antes de la fundación del mundo. Alguno intentará salirse por la tangente y me preguntará: "¿Cómo es posible que fueras elegido en Él antes de la fundación del mundo?".

Yo respondo con otra pregunta: "¿Cómo puedes explicar un momento en el que no hubiera materia, ley, movimiento, relación, ni espacio, tiempo o seres, sino solo Dios?".

Si me puedes explicar eso, entonces yo puedo explicar cómo Dios me eligió en Él antes de la creación del mundo. Lo único que puedo decir es que debemos tener en cuenta el conocimiento previo de Dios, porque Pedro escribió a sus hermanos cristianos y les llamó "elegidos según la presciencia de Dios Padre en santificación del Espíritu, para obedecer y ser rociados con la sangre de Jesucristo" (1 Pedro 1:2).

Los actos de creación en el principio no fueron la primera actividad de Dios. Dios había estado ocupado antes de estos, porque seguro que antes de la fundación del mundo participaba en elecciones y en predestinaciones.

Hace tiempo escribí un breve artículo editorial bajo el título "Caminamos por una senda marcada". En este señalaba que no somos huérfanos en este mundo, que no vivimos y respiramos por casualidad, y que somos hijos de Dios por la fe. Dije que es cierto que nuestro Padre celestial va delante de nosotros, que el Pastor va por delante y señala el camino.

Uno de mis estimados lectores me escribió y me dijo: "Me

educaron como metodista. En sus comentarios, ¿se refiere a la predestinación? Eso es lo que creen los presbiterianos. ¿Qué quiere decir exactamente?".

Le escribí una carta diciendo: "Amado hermano: cuando dije que caminamos por una senda marcada, no pensaba en la preordenación, la predestinación, la seguridad eterna o los decretos eternos. Solo pensaba en lo hermoso que es que los pasos de una persona piadosa sean ordenados por el Señor; y que, si un cristiano consagrado se pone en manos de Dios, hasta los accidentes se convertirán en bendiciones. No solo eso, sino que nuestro Dios hará que hasta el propio diablo contribuya a la glorificación de sus santos".

Los hijos de Dios siempre han tenido la experiencia de que, cuando andamos diariamente en la voluntad de Dios, incluso lo que parece una tragedia y una pérdida acabará siendo al final una bendición y una ganancia.

> No somos huérfanos en este mundo… no vivimos y respiramos por casualidad… somos hijos de Dios por la fe.

No pretendía profundizar tanto. Lo único que decía era que nuestro Padre celestial guía nuestro camino, y que los pasos del hombre piadoso los ordena Dios. Estoy seguro de que mi hermano metodista se podrá acostar tranquilo esta noche, sabiendo que no tiene que convertirse en presbiteriano para estar seguro de que Dios cuida de él.

Por cierto, ¡no sé cómo se ha colado aquí esa ilustración, porque no figuraba en mis apuntes!

Bien, volvamos a la narración sobre la creación, "en el principio".

Es evidente que Dios creó la materia, ¡y que no es mala! La materia es aquello de lo que está compuesto cualquier objeto físico, y de la materia hemos obtenido palabras como *material* y *materialismo*.

Creo que muchas personas de nuestras congregaciones se confunden cuando algún hermano erudito nos aconseja que debemos presentar un ferviente frente común contra el materialismo.

Todo el mundo mira alrededor en busca del enemigo, pero parece que no se le ve por ninguna parte. Si un hombre no sabe qué es el materialismo, ¿cómo podemos esperar que participe en la batalla?

La palabra *materialismo* se ha convertido en parte del lenguaje coloquial. Las cosas creadas que aceptamos como materia nos rodean por todas partes: son cosas que podemos tocar, oler, gustar, manipular, ver y escuchar. Son cosas que hablan a los sentidos; son cosas materiales, y no son malas.

El materialismo, cuando entra en crisis, se produce cuando los hombres y las mujeres creados a la imagen de Dios consideran la materia como algo definitivo. Hablando de las cosas materiales y físicas, dicen: "Esta es la única realidad. La materia es lo definitivo: ¡no hay nada más!".

"Debemos luchar contra el materialismo" no significa que todo el mundo tenga que tomar una espada y ponerse a perseguir a un tipo llamado Material hasta que lo alcance y lo liquide.

Lo que significa es que deberíamos empezar a creer en el hecho de la creación de Dios, y que la materia es solo una criatura del Dios omnisciente que es amor, y que las cosas físicas que conocemos y de las que disfrutamos no son la realidad última; no son un fin en sí mismas.

Según el relato de la creación, Dios precisaba disponer de algún lugar donde situar la materia, de modo que creó el espacio. Tuvo que hacer espacio para el movimiento, de manera que creó el tiempo.

Concebimos el tiempo como una hebra que está sujeta a un gran carrete celestial, y que discurre con más velocidad para los hombres que para las mujeres. El tiempo no es así: el tiempo es el medio en el que cambian todas las cosas. No es el tiempo lo que hace crecer a un bebé, sino el cambio. Para que se produzca el cambio, debe existir una secuencia de cambio. A esa secuencia la llamamos "tiempo".

Y luego Dios hizo las leyes que gobiernan el tiempo y el espacio y la materia. Puede que decir lo siguiente caiga en una simplificación excesiva, pero en la ley que Él estableció, Dios le dijo a la materia: "Ahora, crece y haz sitio para dejar que las cosas se muevan".

Vemos luego en el relato que Dios creó la vida. Creó la vida para que pudiera existir la consciencia del tiempo, el espacio, el movimiento y la materia. Luego Dios creó el espíritu, para que hubiera criaturas que fuesen conscientes del propio Dios. Después organizó todo el universo y lo llamamos "cosmos", y así tenemos el mundo.

Ahora bien, supongo que la creación es muchísimo más compleja de como la he descrito aquí, y que se prolongó mucho más tiempo del que me ha llevado contarlo. Pero, cuando Dios creó los cielos y la tierra, fue el principio. Ese fue el inicio del pensamiento humano. Ahí fue donde empezó la materia, con el tiempo y el espacio. Ese fue el punto de partida de la vida creada.

¡Oh, cómo me alegra disponer del relato sencillo que habla del Dios vivo, amante y creador!

EL AMOR ETERNO DE DIOS

No creo que yo pudiese adorar a un Dios a quien de repente le sorprendieran las circunstancias del mundo que me rodea, que Él creó. No creo que pudiera doblar mis rodillas ante un Dios a quien tuviera que disculpar.

Hermanos, nunca me podría ofrecer a un Dios que me necesitara. Si me necesitara, no podría respetarle y, si no pudiera respetarle, no podría adorarle.

Nunca podría ponerme de rodillas y decir: "Padre, sé que ahora mismo las cosas te van mal. Sé que el modernismo les complica la vida a los santos, y que el comunismo supone una grave amenaza para el reino. Dios, sé que necesitas de verdad mi ayuda, así que te la ofrezco".

Algunos de nuestros llamamientos misioneros se acercan a ese mismo error: que tenemos que participar en la obra misionera porque Dios nos necesita mucho.

> Cuando andamos diariamente en la voluntad de Dios, incluso lo que parece una tragedia y una pérdida acabará siendo al final una bendición y una ganancia.

El hecho es que Dios cabalga sobre el mundo y las nubes son el polvo de sus pies, y que, si no le sigues, lo perderás todo y Dios no perderá nada. Seguirá siendo glorificado en sus santos y admirado por todos los que le temen. El primer acto responsable de todo hombre debería ser llegar a un lugar en el que Dios esté eternamente complacido con él.

Todas estas reflexiones se fundamentan sobre el carácter y la dignidad de Dios. Ningún hombre o mujer, en ninguna parte, debería acercarse a Dios como un acto de piedad porque el pobrecito Dios le necesita. ¡Oh, no, no, hermano!

Dios ha dejado claro que existe un infierno, un lugar reservado para las personas que no quieren amar a Dios y se niegan a servirle. La tristeza y la tragedia de este hecho radican en que Dios ama a esos seres humanos porque los creó a su propia imagen. No hay nada más en la creación de lo que se diga que fue hecho a semejanza de Dios.

Debido a que el ser humano caído y moribundo sigue estando más cerca de la semejanza de Dios que cualquier otra criatura de la tierra, Dios le ofrece la conversión, la regeneración y el perdón.

Sin duda fue debido a este gran potencial que tiene la personalidad humana por lo que el Verbo se pudo hacer carne y habitar entre nosotros. El Hijo unigénito no podía adoptar la naturaleza de los ángeles, pero pudo tomar y tomó la simiente de Abraham, como nos dice Hebreos 2:16.

Las Escrituras nos aseguran de muchas maneras que el Dios creador no malgasta la personalidad humana, pero sin duda una de las mayores tragedias de esta vida es que la personalidad humana se puede desperdiciar sola. Por su propio pecado, un hombre se puede desperdiciar a sí mismo, lo cual supone malgastar lo más parecido a Dios que hay en el mundo.

El pecado es una enfermedad. Es la anarquía, es la rebelión, es la transgresión, pero también es el desperdicio del tesoro más precioso de todos los que hay en la tierra. Decimos que el hombre que muere fuera de Cristo está "perdido", y pocas palabras hay en nuestro idioma que expresen su condición de una forma más precisa. Ha desperdiciado un tesoro difícil de encontrar y, al final, se detiene durante un momento fugaz y mira a su alrededor, como un necio moral, un derrochador que ha perdido, de una sola vez, aplastante e irrecuperablemente su alma, su vida, su paz, toda su personalidad misteriosa, ¡su amado y eterno todo!

¡Oh!, ¿cómo podemos conseguir que los hombres y las mujeres que nos rodean se den cuenta de que el Dios Todopoderoso, antes del principio del mundo, los amó y pensó en ellos, planificando la redención, la salvación y el perdón?

Hermanos cristianos, ¿por qué no somos más fieles y serios a la hora de proclamar los grandes intereses eternos de Dios?

¿Cómo va a enterarse el mundo que nos rodea que Dios es el todo en todo a menos que seamos fieles en nuestro testimonio?

En una época en la que parece que todo lo que hay en el mundo es vanidad, Dios espera de nosotros que proclamemos que Él es la gran Realidad, y que solo Él puede dotar de sentido a todas las otras realidades.

¿Cómo podrán descubrir y saber las grandes e insatisfechas multitudes que somos hechos por Dios y para Él?

La respuesta a la pregunta "¿De dónde vengo?" nunca puede obtener una respuesta mejor que la que da la madre cristiana que dice "¡Dios te hizo!". La vasta acumulación de conocimiento existente en el mundo actual no puede mejorar esta sencilla respuesta.

Los científicos más eminentes te pueden hablar sobre su exhaustiva investigación de los secretos del funcionamiento de la materia, pero el origen de esta se encierra en un profundo silencio, y se niega a dar respuesta a las numerosas preguntas del ser humano.

Dios, el Dios que existe por sí solo, omnisciente y todopoderoso, hizo los cielos y la tierra y al hombre que habita sobre ella, y creó al hombre para sí, y no hay ninguna otra respuesta a la pregunta "¿Por qué me creó Dios?".

En estos tiempos convulsos, es muy importante para nosotros poder estar firmes y seguros en esta declaración: "¡Así dice el Señor!".

Nuestro objetivo primordial no es discutir con nuestra generación, ni tampoco, en gran medida, persuadir o demostrar nada. Con nuestra declaración "Así dice el Señor" responsabilizamos a Dios del resultado. Nadie sabe lo bastante, ni puede saberlo, para ir más allá de esto. Dios nos hizo para sí mismo: esto es lo primero y lo último que podemos decir sobre la existencia humana, y todo lo demás que añadamos no son más que comentarios.

REFLEXIÓN PERSONAL

1. ¿Cómo puede influir en tu vida cotidiana el hecho de reconocer intencionadamente la naturaleza eterna y autoexistente de Dios?

2. Si Dios no necesita nada, ¿por qué nos creó?

3. El hecho de que Dios sea eterno e inmutable, ¿qué indica sobre el amor que siente por nosotros?

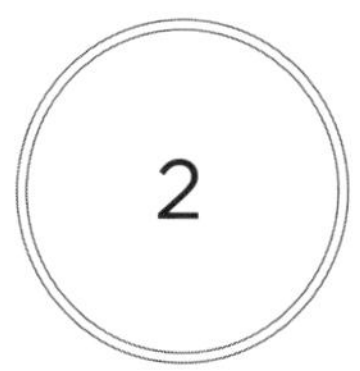

LA IMAGEN MISMA DE DIOS

*[El Hijo es] el resplandor de su gloria, y la
imagen misma de su sustancia, y quien sustenta
todas las cosas con la palabra de su poder.*

Hebreos 1:3

Me gustaría poder comprender todo lo que intenta revelar la Palabra inspirada con la afirmación de que Jesús, el Hijo eterno, es "el resplandor de su gloria, y la imagen misma de su sustancia" (Hebreos 1:3). Pero hay algo que sí que sé y que entiendo: Jesucristo es el mismo Dios. Como creyente y discípulo, me alegro de que el Cristo resucitado y ascendido sea ahora mi sumo sacerdote y el intercesor ante el trono celestial.

El escritor de Hebreos llama nuestra atención usando este lenguaje descriptivo y llamativo:

[Dios] en estos postreros días nos ha hablado por el Hijo…
el cual, siendo el resplandor de su gloria, y la imagen misma

de su sustancia, y quien sustenta todas las cosas con la palabra de su poder… (1:2-3).

Confiamos en las Escrituras porque creemos que son inspiradas, porque Dios las ha inspirado. Dado que las creemos, creemos y confesamos que Jesús era verdadero Dios de Dios verdadero.

En este mundo vasto y complejo no hay nada tan hermoso y cautivador como el relato de la encarnación, ese acto mediante el cual Dios se hizo carne para vivir entre nosotros en nuestra propia historia humana. Este Jesús, el Cristo de Dios, que hizo el universo y quien sustenta todas las cosas con su poder, se hizo un pequeño bebé entre nosotros. Cuando lloraba, su madre le tomaba en brazos para consolarle. Grande es, ciertamente, el misterio de la piedad.

Sin embargo, en este contexto, en los últimos años han sucedido algunas cosas extrañas y trágicas dentro del cristianismo. De entrada, algunos ministros han aconsejado a sus congregaciones que no se preocupen mucho si los teólogos ponen en duda el nacimiento virginal de Jesús. Dicen que no es un tema importante. Además, algunos cristianos confesos sostienen que no quieren que nadie les interrogue sobre lo que realmente creen acerca de la singularidad y la realidad de la deidad de Jesús el Cristo.

CONVENCIDOS DE CRISTO

Vivimos en una sociedad en la que no siempre podemos estar seguros de que las definiciones tradicionales sigan siendo válidas, pero yo me mantengo donde siempre he estado. El verdadero creyente, independientemente del lugar del mundo en que le localicemos, está convencido humilde pero firmemente de la persona y la posición de Jesucristo. Semejante creyente vive con la seguridad apacible y sólida de que Jesucristo es realmente Dios, y que es todo lo que el escritor inspirado dijo que era. Él es "el resplandor de su gloria, y la imagen misma de su sustancia". Este concepto de Cristo que vemos en Hebreos armoniza con lo que dijo Pablo sobre Jesús cuando le describió como "la imagen del Dios invisible, el primogénito de toda creación" (Colosenses 1:15), en quien "habita corporalmente toda la plenitud de la Deidad" (2:9).

Los cristianos que creen en la Biblia se mantienen firmes en este punto. Puede que tengan opiniones distintas sobre la forma de bautizar, la forma de gobierno de la iglesia local o el regreso del Señor, pero están de acuerdo sobre la deidad del Hijo eterno. Jesucristo tiene la misma sustancia que el Padre: engendrado, no creado (Credo de Nicea). Cuando defendamos esta verdad, debemos tener mucha precaución y mucha osadía; si es necesario, seremos beligerantes.

> **Vivimos en una sociedad en la que no siempre podemos estar seguros de que las definiciones tradicionales sigan siendo válidas.**

Cuanto más estudiamos las palabras de nuestro Señor Jesús cuando vivió en la tierra entre nosotros, más seguros estamos de quién es Él. Algunos críticos han dicho: "¿Saben? Jesús no afirmó que era Dios. Solo dijo que era el Hijo del Hombre".

Es cierto que Jesús empleó a menudo la expresión "Hijo del Hombre". Quiero decirlo con toda reverencia: parecía estar orgulloso (o al menos encantado) de ser un hombre, el Hijo del Hombre. Pero dio testimonio osadamente, incluso entre aquellos que eran sus enemigos declarados, de que era Dios. Dijo con gran contundencia que había venido del Padre celestial y que era igual a Él.

Sabemos lo que creemos. No dejemos que nadie, con palabras

suaves y una persuasión encantadora, nos induzca a admitir que Jesucristo es algo menos que Dios verdadero de Dios verdadero.

DIOS SE HIZO CARNE

El escritor de Hebreos quiso informar a los cristianos judíos perseguidos y desanimados sobre la revelación definitiva y completa de Dios en Jesucristo. Habló del Dios de Abraham, de Isaac y de Jacob. Luego declaró que había venido Otro. Aunque se había encarnado, no era otra cosa que el mismo Dios. No era el Padre, porque Dios Padre nunca se encarnó y nunca lo hará. Es Dios el Hijo eterno, el resplandor de la gloria del Padre y la representación exacta de su ser.

A la palabra *gloria* le ha pasado algo, sobre todo en lo que respecta a la descripción de la deidad. *Gloria* es uno de esos términos hermosos y tremendos que se han desvirtuado hasta el punto de perder buena parte de su significado. Es posible que los artistas del pasado tuvieran algo que ver con este proceso, al retratar la gloria de Cristo como un halo luminoso, un brillante aro de neón en torno a su cabeza. Pero la gloria de Jesús no fue nunca un anillo de luz en torno a su cabeza; nunca fue una luz dorada y difusa.

Me cuesta muchísimo excusar nuestras actitudes descuidadas e irreverentes acerca de nuestro Señor y Salvador. Siento de corazón que los cristianos adoradores nunca deberíamos usar un término o una expresión bíblica en un sentido popular o informal, a menos que expliquemos lo que estamos haciendo. Lo que es pertinente cuando hablamos de la gloria de Dios Hijo es hacer referencia a la singularidad de su persona y de su carácter, que provocan nuestra admiración y nuestro asombro.

Para aquellos que aman a Cristo y le sirven, su gloria no consiste en una luz dorada o en aros de neón. Su verdadera gloria es la que induce a las criaturas celestiales a cubrirse el rostro en su presencia. Es lo que provoca esta alabanza gloriosa: "¡Santo, santo, santo es el Señor, Jehová de los ejércitos!". La gloria del Señor es ese resplandor que le proporciona una alabanza universal. Exige el amor y la adoración de sus criaturas; le da a conocer por toda su creación.

La gloria de Dios radica en el carácter de Dios.

Dios no es glorificado hasta que los hombres y las mujeres piensen en Él como alguien glorioso. Sin embargo, lo más importante no es lo que piensen de Dios las personas. Una vez Dios habitó en una luz a la que nadie podía acercarse. Pero deseaba hablar, expresarse, de modo que creó los cielos y la tierra, llenando el mundo con sus criaturas, incluyendo a la humanidad. Esperaba que el ser humano respondiera a aquello que está en Él y que es glorioso, admirable y excelente.

La gloria de Dios es la respuesta de amor y de adoración que le tributa su creación. Cuando decimos que Cristo es el resplandor de la gloria de Dios, afirmamos que Cristo es el esplendor de todo lo que es Dios. Sí, es el resplandor, la refulgencia. Cuando Dios se expresó, lo hizo en Cristo Jesús. Cristo era el todo en todo. Él es la representación exacta de la persona de Dios.

LA MISMA IMAGEN DE DIOS

Dentro de este contexto, la palabra *persona* es difícil de entender. La historia de la Iglesia da testimonio de las dificultades que han tenido los teólogos con este término. A veces, a la persona de Dios se le ha llamado *sustancia* y, otras veces, se le ha llamado *esencia*. La mente humana no puede comprender la Deidad; pero el Dios eterno sustenta, respalda, fundamenta todo lo que compone el vasto universo creado. Y Jesucristo se nos ha presentado como la representación exacta de la persona de Dios, todo lo que Él es.

Por supuesto, las palabras *misma imagen* tienen su origen en aquel sello que se presionaba contra la cera para dar autenticidad al documento o la carta de un dignatario. El Jesucristo encarnado da forma visible y autenticidad a la deidad. Cuando el Dios invisible se hizo visible, lo hizo como Jesucristo. Cuando el Dios que no se podía ver ni tocar vino a habitar entre nosotros, lo hizo como Jesucristo.

No he sugerido esta imagen de nuestro Señor Jesucristo como una especie de argumento teológico. Lo único que intento afirmar, de la mejor manera que puedo, es lo que ha dicho el Espíritu Santo por medio del escritor consagrado de la epístola a los Hebreos.

> **El pecado ha convertido al ser humano en un pájaro sin lengua. Lleva en su interior el instinto y el deseo de cantar, pero no tiene la capacidad de hacerlo.**

¿Cómo es Dios? A lo largo de los siglos, esta es la pregunta que más han formulado los seres humanos. Nuestros hijos pequeños, cuando solo cuentan con pocos años de vida, se acercan a nosotros con su inocente sencillez y nos preguntan: "¿Cómo es Dios?". El apóstol Felipe preguntó, en su nombre y en el de toda la humanidad: "Señor, muéstranos al Padre, y nos basta" (Juan 14:8). Los filósofos han formulado repetidas veces esta pregunta. Los religiosos y los pensadores llevan milenios luchando con ella.

Pablo predicó en Atenas y habló de cómo los hombres buscan al "dios desconocido". Declaró la intención de Dios de que los seres humanos "busquen a Dios, si en alguna manera, palpando, puedan hallarle, aunque ciertamente no está lejos de cada uno de nosotros. Porque en él vivimos, y nos movemos, y somos" (Hechos 17:27-28). Pablo hablaba de la presencia de Dios en el universo, una presencia que se convierte en la voz viva y vibrante de Dios que induce al corazón humano a buscarle. Pero, ¡ay!, a consecuencia del pecado el hombre no ha sabido dónde buscarle. El pecado ha cegado sus ojos, ha apagado su oído y ha hecho que su corazón se adormezca.

El pecado ha convertido al ser humano en un pájaro sin lengua. Lleva en su interior el instinto y el deseo de cantar, pero no tiene la capacidad de hacerlo. El poeta Keats expresó de una manera hermosa, incluso brillante, la historia del ruiseñor que había perdido la lengua. Al no tener la capacidad de expresar su profundo instinto de cantar, el ave murió debido a una intensa sensación de ahogo interior.

Dios hizo a la humanidad a su imagen: "Ha puesto eternidad en el corazón de ellos" (Ec. 3:11). ¡Qué imagen más gráfica! ¡Cuánto nos explica sobre nosotros mismos! Somos criaturas del tiempo (el tiempo en nuestras manos, nuestros pies, nuestros cuerpos), que nos induce a envejecer y a morir. Sin embargo, entre tanto, ¡tenemos la eternidad en el corazón!

Una de nuestras grandes tragedias, como personas caídas que viven en un mundo caído, es la guerra constante entre la eternidad en nuestros corazones y el tiempo en nuestros cuerpos. Por eso nunca podemos sentirnos satisfechos sin Dios. Este es el motivo de que la pregunta "¿Cómo es Dios?" siga acechándonos a todos. Dios ha puesto los valores de la eternidad en el corazón de toda persona hecha a su imagen.

Como seres humanos, hemos intentado satisfacernos mediante nuestra participación en una búsqueda, en una investigación. No hemos olvidado que Dios fue; solo hemos olvidado cómo es Él.

La filosofía ha intentado darnos respuestas, pero los conceptos filosóficos relativos a Dios siempre han sido contradictorios. El filósofo es como un ciego que intenta pintar el retrato de otra persona. El ciego puede palpar el rostro de su modelo e intentar dar cuatro pinceladas en el lienzo, pero el proyecto está condenado al fracaso aun antes de empezar. Lo mejor que puede hacer la filosofía es palpar de diversas maneras el rostro del universo, y luego intentar pintar a Dios tal como lo ve.

> **Dios ha puesto los valores de la eternidad en el corazón de toda persona hecha a su imagen.**

La mayoría de los filósofos confiesan que creen en una "presencia" que habita en el universo. Algunos lo llaman "ley", "energía", "mente" o "virtud esencial". Thomas Edison dijo que pensaba que, si viviera el tiempo suficiente, podría inventar un instrumento tan sensible que pudiera detectar a Dios. Edison era un inventor reconocido. Tenía una gran mente, y podría haber sido filósofo. Sin embargo, Edison no sabía más sobre Dios o sobre cómo es Dios que el chico o la chica que reparten el periódico matutino.

LAS RELIGIONES NO OFRECEN RESPUESTAS

Las religiones del mundo se han esforzado siempre por dar respuestas concernientes a Dios. Algunas religiones declaran que Dios es luz, de modo que adoran al sol, al fuego y a todas las fuentes de luz. Otras religiones han sugerido que Dios es conciencia, o que se le puede hallar en la virtud. A los adeptos de algunas religiones les consuela creer que Dios es un principio que sustenta el universo.

Hay religiones que enseñan que Dios es todo justicia. Viven en el terror. Otras dicen que Dios es todo amor. Se vuelven arrogantes. Como los filósofos, los religiosos tienen conceptos y puntos de vista, ideas y teorías. La humanidad no ha quedado satisfecha con ninguna de ellas.

El paganismo griego tenía un panteón de dioses. Vieron cómo el sol se levantaba por Oriente y se desplazaba hacia Occidente rodeado de su fulgor, y le llamaron Apolo. Escucharon el viento que rugía en las costas y lo llamaron Eos, madre de los vientos y de las estrellas. Vieron cómo las aguas del océano bramaban convirtiéndose en espuma y lo llamaron Poseidón. Imaginaron una diosa que se cernía cada año sobre los campos fértiles de grano, y le pusieron por nombre Deméter.

Dada semejante perspectiva pagana, las fantasías sobre dioses y diosas no tienen fin. En Romanos 1, Dios describe la condición humana que incuba semejantes aberraciones. Los hombres y las mujeres, espoleados por su pecado, no querían la revelación de un Dios vivo y comunicativo. Ignoraron deliberadamente al único Dios verdadero, llenando sus vidas hasta el punto de no dejarle sitio.

En su lugar, inventaron dioses propios: aves, animales y reptiles.

Muy a menudo se nos ha advertido que la moralidad de cualquier nación o civilización refleja su concepto de Dios. Hay otra verdad paralela que suele oírse menos: cuando una iglesia empieza a pensar de forma impura e inadecuada sobre Dios, entra en decadencia.

Debemos pensar en Dios con nobleza y hablar de Él con dignidad. Nuestro Dios es soberano. Haríamos bien en seguir a nuestros antepasados de viejas costumbres, quienes sabían lo que significaba arrodillarse sumidos en una adoración sobrecogida y sobrenatural en la presencia del Dios que está dispuesto a reclamarnos como suyos por la gracia.

JESÚS ES COMO ES DIOS

Algunos siguen preguntando: "¿Cómo es Dios?". El propio Dios nos ha dado una respuesta definitiva y completa. Jesús dijo: "El que me ha visto a mí, ha visto al Padre" (Juan 14:9).

Para aquellos de nosotros que hemos puesto la fe en Jesucristo, la búsqueda de todos los tiempos ha concluido. Jesucristo, el Hijo eterno, vino a habitar entre nosotros, siendo "el resplandor de su gloria, y la imagen misma de su sustancia" (Hebreos 1:3). Como digo, para nosotros ya ha acabado la búsqueda, porque Dios se nos ha revelado. Jesús es lo que es el Padre. Quien mira al Señor Jesucristo contempla a Dios. Jesús tiene los mismos pensamientos que Dios, se siente como Dios se siente; Jesús es Dios, y hace lo que hace Dios.

> La moralidad de cualquier nación o civilización refleja su concepto de Dios.

En el Evangelio de Juan hallamos las palabras de Jesús cuando dijo a las personas de su época que Él no podía hacer nada por sí solo. Les dijo: "De cierto, de cierto os digo: No puede el Hijo hacer nada por sí mismo, sino lo que ve hacer al Padre; porque todo lo que el Padre hace, también lo hace el Hijo igualmente" (Juan 5:19). Fue precisamente con base en este testimonio que los líderes judíos querían apedrearlo por blasfemo.

Es curioso que algunas sectas modernas intenten decirnos que Jesucristo nunca afirmó ser Dios. Sin embargo, quienes le escucharon hace dos mil años querían matarlo allí mismo porque afirmó que era uno con el Padre.

La revelación que hace Dios de sí mismo está completa en Jesucristo, el Hijo. Ya no tenemos que preguntarnos "¿Cómo es Dios?".

Jesús es Dios. Ha traducido a Dios a unos términos que podemos entender.

REFLEXIÓN PERSONAL

1. ¿Qué significa que Jesús refleja la gloria de Dios?

2. Saber que Jesús es la misma imagen de Dios, ¿cambia tu manera de ver a Dios?

3. Durante tu propia búsqueda de Dios, ¿de qué maneras puedes haber olvidado cómo es Él?

3

CREADOR, SUSTENTADOR, BENEFACTOR

Y vimos su gloria, gloria como del
unigénito del Padre…

Juan 1:14

Es cierto que Dios nunca ha hecho nada sin contar con Jesucristo. Las estrellas en sus órbitas, las ranas que croan a orillas de un lago, los ángeles en los cielos y los hombres en la tierra salieron del canal al que llamamos el Verbo eterno. Aunque nos ocupamos de presentar a Jesús como Señor y Salvador, es cierto que todos hemos recibido de su plenitud.

Hace algún tiempo escribí un editorial relativo a Jesucristo y dije que no puede ser Salvador sin ser Señor. No fue una idea original por mi parte, porque creo que la Biblia enseña claramente que Jesucristo es tanto Señor como Salvador; que es Señor antes que Salvador, y que si no es Señor no es Salvador.

35

Repito: cuando exponemos este mensaje, este Verbo eterno que se hizo carne para habitar entre nosotros, como Señor y Salvador, también le presentamos en sus otros oficios: Creador, Sustentador y Benefactor.

EL MISMO DIOS

Es el mismo Señor Jesús, y de Él Juan da este testimonio fiel: "la gracia y la verdad vinieron por medio de Jesucristo" (Juan 1:17).

Supongo que todos estamos de acuerdo en que Moisés dio la ley, y en este momento no pretendo establecer ningún contraste entre el Antiguo y el Nuevo Testamento. Cualquier postura teológica que enfrente un Testamento de la Biblia con el otro procede, sin duda, de una falsa teoría.

La idea de que el Antiguo Testamento es un libro de ley y el Nuevo Testamento un libro de gracia se basa en una teoría totalmente falsa.

Sin duda, en el Antiguo Testamento se habla tanto de la gracia, la misericordia y el amor como en el Nuevo. Se habla más en el Antiguo Testamento que en el Nuevo del infierno y del juicio y la ira de Dios que arde sobre los pecadores.

Si quieres leer unas palabras ácidas, flagelantes, que desuellan, provocan ampollas y queman, no acudas a Jeremías y a los profetas antiguos: ¡escucha las palabras de Jesucristo!

> El Dios del Antiguo Testamento es el mismo que el Dios del Nuevo.

¡Oh, cuántas veces hemos de decirlo! El Dios del Antiguo Testamento es el mismo que el Dios del Nuevo. El Padre del Antiguo Testamento es el Padre del Nuevo. Además, el Cristo que se hizo carne para habitar entre nosotros es el

Cristo que camina por todas las páginas del Antiguo Testamento. ¿Fue la ley la que perdonó a David cuando cometió sus grandes pecados? No, fue la gracia manifestada en el Antiguo Testamento. ¿Fue la gracia la que dijo "Ha caído Babilonia, la gran ramera ha caído, ha caído Babilonia"? (paráfrasis de Apocalipsis 18:2)? No, fue la ley expresada en el Nuevo Testamento.

Es incuestionable que entre el Antiguo y el Nuevo Testamento no existen esa gran diferencia y ese contraste que algunos parecen dar por hecho. Dios nunca enfrenta al Padre contra el Hijo. Nunca enfrenta el Antiguo Testamento contra el Nuevo. El único contraste es el que hay entre todo lo que Moisés podía hacer y todo lo que Jesucristo puede hacer. La ley fue dada por Moisés; eso fue todo lo que podía hacer. Moisés no fue el canal por medio del cual Dios dispensó su gracia. Dios eligió a su Hijo unigénito como canal de su gracia y su verdad, porque Juan da testimonio de que la gracia y la verdad vinieron por Jesucristo.

Lo único que podía hacer Moisés era ordenar la justicia. Por el contrario, solo Jesús produce justicia. Lo único que podía hacer Moisés era prohibirnos pecar. Por el contrario, Jesucristo vino a salvarnos del pecado. Moisés no podía salvar, pero Jesucristo es tanto Señor como Salvador.

La gracia vino por medio de Jesucristo antes de que María llorase en el establo de Belén. Fue la gracia de Dios en Cristo la que libró a la raza humana de la extinción cuando nuestros primeros padres pecaron en el huerto. Fue la gracia de Dios en Jesucristo, que aún no había nacido, la que salvó a las ocho personas cuando el diluvio cubrió toda la tierra. Fue la gracia de Dios en Jesucristo, que aún no había venido, sino que existía en la gloria previa a la encarnación, la que perdonó a David cuando pecó, la que perdonó a Abraham cuando mintió. Fue la gracia divina la que permitió a Abraham orar a Dios convenciéndole para salvar a diez personas cuando amenazaba con destruir Sodoma. Dios perdonó a Israel una y otra vez. Fue la gracia de Dios en Cristo antes de la encarnación la que hizo que Dios dijera: "Me he levantado temprano por la mañana y he extendido mis manos a ti".

CONTEMPLANDO SU GLORIA

El apóstol Juan también habla por todos nosotros cuando escribe acerca del Hijo eterno y nos recuerda que contemplamos su gloria. Es correcto que preguntásemos: "¿Cuál era esa gloria? ¿Era la de sus obras?".

Jesús no solo hacía obras, ¡obraba maravillas!

Todas las facetas de la naturaleza tenían que someterse a Él y a su autoridad. Jesús convirtió el agua en vino, y muchas personas malinterpretan el significado de su poder y de su autoridad y discuten sobre la diferencia entre el mosto y el vino. Eso carece de importancia: convirtió el agua en vino. Fue un milagro.

Todo lo que hizo nuestro Señor tenía sentido para la manifestación de su gloria eterna.

Cuando nuestro Señor se acercaba a los enfermos, los sanaba. Cuando se encontraba con poseídos por demonios, ordenaba a estos que se fueran. Cuando nuestro Señor estuvo en la cubierta oscilante de una pequeña barca zarandeada por vientos feroces y olas gigantes, habló a las aguas, reprendió al viento y se hizo una gran calma.

Todo lo que hizo nuestro Señor tenía sentido para la manifestación de su gloria eterna.

Piensa en la ternura y en la compasión del Señor Jesús cuando resucitó a aquel muchacho y lo entregó de nuevo a su madre viuda, que iba de camino al cementerio.

Piensa en esa gloria manifestada en su ternura cuando resucitó a la hijita de Jairo y la devolvió al amor y al cuidado de su padre. Imagino que Jesús le sonrió a la niña cuando la llamó de vuelta de aquel sueño de muerte y le dijo: "Levántate, hijita. Es hora de ir al colegio". Tú llamabas a tus hijos cuando era hora de ir a la escuela; estoy seguro de que Jesús utilizaba el mismo lenguaje sencillo de la ternura.

Las obras de nuestro Señor siempre eran impactantes; siempre eran sorprendentes. Me pregunto si Juan tenía en mente estas cosas cuando dijo "y vimos su gloria", pero supongo que no. Creo que Juan tenía en mente una gloria mucho mayor.

Nunca podremos conocer todas las obras maravillosas de sanación y de misericordia que Jesús realizó mientras estuvo en la tierra, pero deberíamos fijar los ojos en su gloria, que fue mucho mayor que los milagros y las obras prodigiosas.

DE SU PLENITUD

La Biblia enseña clara y sistemáticamente lo que Juan proclama en el primer capítulo de su Evangelio: "porque de su plenitud tomamos todos, y gracia sobre gracia" (Juan 1:16).

Hemos recibido de su plenitud. Esto no puede significar de ninguna manera que ninguno de nosotros haya recibido toda su plenitud. Significa que Jesucristo, el Hijo eterno, es el único medio por el cual Dios dispensa sus beneficios a su creación.

Dado que Jesucristo es el Hijo eterno, dado que tiene la generación eterna y es igual al Padre en lo tocante a su sustancia, su eternidad, su amor, su poder, su gracia, su bondad y todos los atributos de la deidad, es el canal por medio del cual Dios dispensa todas sus bendiciones.

Si pudieras preguntarle al ciervo que desciende sin hacer ruido a la orilla del lago para disfrutar de una bebida refrescante "¿Has recibido la plenitud del lago?", la respuesta sería "Sí y no. Me he llenado del lago pero no he recibido la plenitud del lago. No me he bebido el lago; solo he bebido la parte del lago que podía contener".

> Nunca podremos conocer todas las obras maravillosas de sanación y de misericordia que Jesús realizó mientras estuvo en la tierra, pero deberíamos fijar los ojos en su gloria, que fue mucho mayor que los milagros y las obras prodigiosas.

Y así, de su plenitud, de la plenitud de Dios, nos ha dado gracia sobre gracia conforme a nuestra necesidad, y todo es por medio de Jesucristo nuestro Señor. Cuando Él habla, cuando provee, cuando sustenta, se debe a que podemos decir que sustenta todas las cosas por la palabra de su poder, y que en Él subsisten todas las cosas.

Veamos una cosa que pensé un día: a Dios le hubiera resultado muy fácil amarnos y no decírnoslo. Dios podría haber sido misericordioso con nosotros y no haberlo revelado jamás. Sabemos que entre los seres humanos es posible sentir intensamente algo y no decírselo a nadie. Es posible tener buenas intenciones pero sin darlas jamás a conocer.

Las Escrituras dicen que "a Dios nadie le vio jamás; el unigénito Hijo, que está en el seno del Padre, él le ha dado a conocer" (Juan 1:18).

El Hijo eterno vino a decirnos lo que el silencio no podría decirnos nunca. Vino a decirnos lo que ni siquiera Moisés pudo decirnos. Vino a decirnos y a demostrarnos que Dios nos ama y que se preocupa constantemente por nosotros. Vino a decirnos que Dios tiene un plan de gracia, y que lo está poniendo por obra. Antes de que todo esté acabado y consumado, habrá una multitud que nadie puede contar de redimidos, procedentes de toda lengua, tribu y nación.

Esto es lo que nos ha dicho de Dios Padre. Él le ha expresado, le ha revelado: su ser, su amor, su misericordia, su gracia, su intención redentora, su intención salvadora.

Él lo ha declarado todo. Nos ha dado gracia sobre gracia. Ahora solo tenemos que volvernos a Él, aceptar, recibir y seguir. Todo es nuestro si lo recibimos, porque el Verbo se hizo carne, ¡y habitó entre nosotros!

REFLEXIÓN PERSONAL

1. ¿Qué consecuencias tiene para tu vida el señorío de Cristo como Creador del universo?

2. Saber que Jesús es el mismo Dios que el del Antiguo Testamento, ¿cambia tu punto de vista sobre Dios Padre?

3. Si no existe oposición entre el Antiguo y el Nuevo Testamento, ¿qué nos dice esto sobre la relación entre el Padre y el Hijo?

4. ¿Cómo has recibido la gracia de Jesús? ¿De qué maneras quiere Jesús que recibas su gracia en tu vida justo ahora?

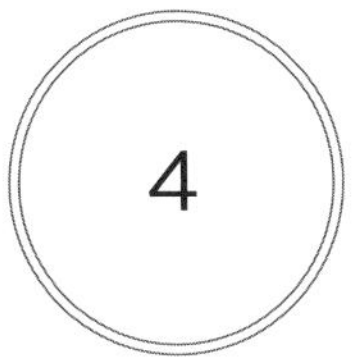

LA REVELACIÓN DE DIOS

en estos postreros días nos ha hablado por el Hijo…

Hebreos 1:2

Cuando el autor de Hebreos escribió declarando que "en estos postreros días" Dios hablaba por medio de su Hijo, nos recordó que, durante miles de años, Dios había estado hablando de muchas maneras. De hecho, durante unos 4.000 años de historia de la humanidad, Dios había estado comunicándose con la raza humana. Fue una raza la que se había separado de Dios, ocultándose en el huerto del Edén y manteniéndose desde entonces en el incógnito.

Para la mayor parte de las personas en el primer siglo de la era cristiana, Dios era solo una tradición. Algunos acariciaban sus dioses hechos con sus manos. Otros tenían varios conceptos de la adoración e incluso construían altares. Algunos murmuraban encantamientos y recitaban oraciones, pero todos estaban alienados del Dios verdadero. Aunque fueron creados a imagen de Dios, habían rechazado a su Creador, uniéndose al destino de todo lo que es mortal.

Esta situación podría haber continuado hasta que el ser humano, la naturaleza o ambos se hubieran extinguido para siempre. Pero Dios, en su amor y su sabiduría, acudió una vez más. Vino a hablar, revelándose esta vez por medio de su Hijo eterno. Si ahora consideramos que la revelación en el Antiguo Testamento es fragmentaria e incompleta es debido a la venida de Jesús al mundo. Podríamos decir que el Antiguo Testamento es como una casa sin puertas ni ventanas. Hasta que los carpinteros no abrieron las puertas y las ventanas en las paredes, la casa no pudo convertirse en una residencia digna, satisfactoria.

Hace unos años, mi familia y yo disfrutamos de comunión cristiana con un médico judío que había puesto su fe en Jesús, el Salvador y Mesías. Me contó con sinceridad su participación en los cultos del día de reposo en la sinagoga. A menudo le habían pedido que leyera pasajes de las Escrituras del Antiguo Testamento.

> **La comprensión de la Palabra de Dios debe proceder del mismo Espíritu que la inspiró.**

"A menudo pienso en aquellos años en que leía del Antiguo Testamento", me dijo. "Tenía la sensación obsesiva de que lo que leía era bueno y cierto. Sabía que explicaba la historia de mi pueblo, pero me daba la sensación de que faltaba algo". Entonces, con una sonrisa hermosa y radiante, añadió: "Cuando descubrí a Jesús como mi Salvador personal y Mesías, me di cuenta de que era a Aquel a quien señalaba en realidad el Antiguo Testamento. Entendí que era la respuesta a mi consumación como judío, como persona y como creyente".

Tanto si somos judíos como gentiles, originariamente fuimos

hechos a imagen de Dios, y la revelación de Dios por medio de su Espíritu es una necesidad. La comprensión de la Palabra de Dios debe proceder del mismo Espíritu que la inspiró.

EL MENSAJE DE DIOS EN EL PASADO

La epístola a los Hebreos se escribió para confirmar a los primeros cristianos judíos en su fe en Jesús, el Mesías-Salvador. El escritor se centra en un tema recurrente, que Jesucristo es mejor porque es superior. ¡Jesucristo es el mensaje definitivo de Dios!

Este es un mensaje para nosotros que nos reafirma y nos fortalece en nuestros días. Hebreos nos dice que, aunque sin duda nuestra fe cristiana se presagió en el judaísmo y salió de este, no dependía ni depende de este. Las palabras de nuestro Señor Jesucristo, que pronunció mientras estaba en la tierra, siguen hablándonos con autoridad espiritual. En determinado momento recordó a sus discípulos que nunca hay que guardar el vino nuevo en odres viejos y rígidos. La parábola era evidente: las antiguas formas y tradiciones religiosas nunca podrían contener el nuevo vino que Él traía.

El Señor dijo que existe un abismo inconmovible entre el cristianismo vital y las viejas formas del judaísmo. No cabe duda de que el judaísmo del Antiguo Testamento, con su orden mosaico establecido, ha dado a luz el cristianismo. Pero, de la misma manera que un niño progresa hacia la madurez y la independencia, la fe cristiana y el evangelio cristiano fueron independientes del judaísmo. Aunque este dejase de existir, el cristianismo como revelación de Dios se mantendría (y se mantiene) firme sobre su propio fundamento sólido. Descansa sobre el mismo Dios vivo y comunicativo de quien dependía el judaísmo.

Es importante que entendamos que Dios, al ser uno por su naturaleza, siempre puede decir lo mismo a todos los que le escuchan. No tiene dos mensajes distintos sobre la gracia, el amor, la justicia o la santidad. Ya provenga del Padre, del Hijo o del Espíritu Santo, la revelación será siempre la misma. Apunta en la misma dirección, aunque usando distintas vías, diferentes medios y personas dispares.

Si empiezas por Génesis y sigues leyendo el Antiguo y el Nuevo Testamento, percibirás la uniformidad. Sin embargo, en la revelación de Dios a la humanidad hay elementos cada vez más amplios.

> **La idea de que Dios existe y de que es soberano en los cielos es absolutamente fundamental para la moralidad humana.**

Al principio del Génesis, el Señor habló sobre un Mesías venidero, prediciendo que habría guerra entre la serpiente y la simiente de la mujer. Señalaba al victorioso Campeón-Redentor que vendría en el futuro.

El Señor explicó a Eva, con palabras muy sencillas, el sufrimiento que tendrían las mujeres al dar a luz y el estatus de la mujer en la familia. Habló a Adán sobre la maldición de la tierra y de la muerte inevitable resultado de la transgresión. Reveló a Caín y a Abel un sistema de sacrificios y, por medio de este, el plan de perdón y de aceptación.

El mensaje de Dios para Noé fue de gracia, y hablaba del orden de la naturaleza y del gobierno. A Abraham le dio la promesa de la Simiente venidera, el Redentor que haría expiación por todos los hombres. A Moisés le dio la ley y le habló del Profeta venidero que sería como él pero superior. Esos fueron los mensajes hablados de Dios "en el pasado".

EL MENSAJE DE DIOS PARA NOSOTROS

Ahora bien, ¿qué está diciendo Dios a su creación humana en nuestra época? En resumen, nos dice: "Jesucristo es mi Hijo amado. ¡Escúchenle!".

No es difícil descubrir el motivo por el que muchos no quieren escuchar lo que dice Dios por medio de Jesús a nuestra generación. El mensaje de Dios en Jesús es un pronunciamiento moral. Saca a la luz elementos como son la fe, la conciencia y la conducta, la obediencia y la lealtad. Los hombres y las mujeres rechazan este mensaje por el mismo motivo por el que han rechazado la totalidad de la Biblia: no quieren estar sujetos a la autoridad de la Palabra moral de Dios.

Durante siglos, Dios habló de muchas maneras. Inspiró a hombres santos a escribir porciones del mensaje en un Libro. A la gente no le gusta esto, e intentan evitarlo porque Dios lo ha convertido en la prueba definitiva de toda moralidad, la prueba final de toda ética cristiana. Algunos discuten la narrativa del Nuevo Testamento. "¿Cómo es posible demostrar que Jesús dijo realmente eso?", dicen, como un reto. A lo mejor ponen en duda este tema porque han encontrado las inolvidables palabras de Jesús en el Evangelio de Juan:

Al que oye mis palabras, y no las guarda, yo no le juzgo; porque no he venido a juzgar al mundo, sino a salvar al mundo. El que me rechaza, y no recibe mis palabras, tiene quien le juzgue; la palabra que he hablado, ella le juzgará en el día postrero (Juan 12:47-48).

Dios es un Dios vivo, y Jesucristo, con todo el poder y toda la autoridad, se encuentra ante el panel de control, guiando y sustentando todas las cosas que hay en el universo. Este concepto es esencial para la fe cristiana. Es necesario que comprendamos real y plenamente que nuestro Dios es sin dudarlo la majestad que está en los cielos.

Podemos extraer esta seguridad de Hebreos, leído en el contexto de toda la Biblia inspirada. Y, cuando estemos seguros de esto, habremos descubierto un medio fundamental para conservar nuestra cordura en medio de un mundo atribulado, dentro de una sociedad egocéntrica.

Si queremos disfrutar de paz mental, usaremos el pensamiento para insertar a Dios en su mundo; no le expulsaremos de su mundo, como muchos intentan hacer. Le permitiremos que, por la fe, sea en nuestros seres lo que es realmente en su mundo.

La idea de que Dios existe y de que es soberano en los cielos es absolutamente fundamental para la moralidad humana. Nuestra visión de la decencia humana también depende de esto. La decencia es toda cualidad o actitud idónea. La decencia humana depende de un concepto pertinente y saludable de Dios.

> Dios ha reunido en la persona de Jesucristo, el Hijo, toda la ayuda, el perdón y la bendición que necesitamos.

Es imposible que quienes adoptan la postura de que no existe Dios tengan una visión correcta de la naturaleza humana. Esto lo deja claro la revelación divina. No hay un hombre o una mujer en ninguna parte que pueda tener un concepto preciso de nuestra naturaleza humana a menos que acepte el hecho de que vinimos de Dios y volveremos de nuevo a Él.

Aquellos que hemos admitido a Jesucristo en nuestras vidas como Salvador y Señor estamos contentos de haberlo hecho. En el ámbito de la salud, estamos familiarizados con la costumbre de buscar "una segunda opinión". Si voy a un médico y me aconseja que me someta a una operación, puedo salir de su consulta y exponer mi estado a otro especialista. En lo tocante a nuestra decisión de recibir a Jesucristo, sin duda nos aconsejaría mal quien nos dijera que deberíamos salir en busca de una segunda opinión. Jesucristo es la última Palabra de Dios para nosotros. No hay otra. Dios ha reunido en la persona de Jesucristo, el Hijo, toda la ayuda, el perdón y la bendición que necesitamos.

En nuestro día de tinieblas, Dios nos ha dado a Jesús como la Luz del mundo. Quienes le rechazan se entregan a las tinieblas de afuera, que prevalecerán por todos los siglos eternos.

A lo mejor no nos gusta lo que dice el Gran Médico sobre nosotros y sobre nuestros pecados. Pero, ¿a quién acudiremos si no a Él? Pedro nos dio la respuesta a esta pregunta: "Señor", dijo, "¿a quién iremos? Tú tienes palabras de vida eterna. Y nosotros hemos creído y conocemos que tú eres el Cristo, el Hijo del Dios viviente" (ver Juan 6:68-69).

Este es el Salvador a quien ofrece Dios. Es el Hijo eterno, igual al Padre en su divinidad, coeterno y que tiene la misma naturaleza del Padre.

Él nos habla, ¡y nosotros debemos escucharle!

REFLEXIÓN PERSONAL

1. ¿Cómo es que la revelación divina, tanto si procede del Padre como del Hijo o del Espíritu Santo, es siempre la misma?

2. ¿Cuál es la esencia del mensaje divino en Jesús?

3. ¿Hay alguna manera en la que has intentado encontrar "una segunda opinión" sobre Jesús o su mensaje?

EL MISTERIO DE LA ENCARNACIÓN

Y aquel Verbo fue hecho carne,
y habitó entre nosotros.

Juan 1:14

Se nos dice que el Verbo fue hecho carne. Quiero destacar que dentro de la afirmación compuesta por estas pocas y sencillas palabras hallamos uno de los misterios más profundos del pensamiento humano.

Los hombres reflexivos enseguida preguntan: "¿Cómo pudo la Deidad salvar el amplio y temible abismo que separa lo que es Dios de lo que no lo es?". Quizá estés de acuerdo conmigo en que en realidad en el universo solo hay dos cosas: lo que es Dios y lo que no es Dios.

Nadie pudo crear a Dios, pero Dios, el Creador, ha hecho todas las cosas que hay en el universo y que no son Dios.

Es decir, que el abismo que separa al Creador y a la criatura, el abismo entre el Ser al que llamamos Dios y todos los demás seres, es un gran abismo realmente inmenso y profundo.

SALVANDO EL ABISMO

Uno de los misterios más profundos y oscuros que puede escudriñar el pensamiento humano es cómo Dios pudo salvar este gran abismo.

¿Cómo es posible que Dios pudiera unir al Creador con la criatura?

Si no reflexionas a fondo, puede que no te resulte asombroso, pero, si has practicado la meditación frecuente y profunda, te habrás quedado atónito al ver que el gran abismo entre lo que es Dios y lo que no lo es se haya podido cruzar.

Recordemos que ni siquiera los arcángeles y los serafines y querubines que guardan las piedras de fuego son Dios.

Leemos nuestras Biblias y descubrimos que el ser humano no es el único orden de seres creados. Sin embargo, el hombre, movido por su orgullo pecaminoso, opta por pensar que no hay nadie como él.

Algunos cristianos, y la humanidad en general, se niegan neciamente a creer en la realidad de las criaturas angélicas. He hablado con suficientes personas como para que me dé la sensación de que creen que los ángeles son ¡como Santa Claus con alas!

Muchos dicen que no creen en los órdenes creados de los querubines y los serafines, los ángeles de la guarda o los santos, o en ninguno de los extraños principados y potestades que caminan con tanto misterio y luz por los pasajes de la Biblia. En términos generales, como mínimo no creemos en ellos tanto como deberíamos.

Puede que no creamos en ellos, hermanos, ¡pero están ahí!

La humanidad solo es un orden de los seres o criaturas que ha hecho Dios. Entonces, nos preguntamos: "¿Cómo pudo volverse finito el Infinito? ¿Y cómo pudo el Ilimitado imponerse deliberadamente unas limitaciones? Cuando Dios se reveló, ¿por qué favorecería a un orden de criaturas por encima de los demás?".

En el libro de Hebreos descubrimos, para nuestra sorpresa, que Dios no adoptó la naturaleza de los ángeles, sino la de la simiente de Abraham.

Ahora bien, está claro que Abraham no era igual que los ángeles.

Suponemos que Dios, al humillarse, se humillaría lo menos posible. Pensamos que se rebajaría a ser como los ángeles o a los serafines; pero, en lugar de eso, se humilló hasta el orden más bajo de todos, adoptando la naturaleza de Abraham, la simiente de Abraham.

El apóstol Pablo se echa las manos a la cabeza, asombrado, cuando llega a este punto. Pablo, considerado uno de los seis grandes intelectos de todos los tiempos, levanta los brazos y declara que "grande es el misterio de la piedad" (1 Timoteo 3:16), el misterio de Dios manifestado en carne.

Quizá este sea el enfoque más atractivo al tema para todos nosotros: simplemente alzar las manos y decir: "¡Oh, Señor, tú lo sabes todo!". Además, hay muchas más cosas en los cielos y en la tierra de las que caben en nuestra teología, de modo que todo es, en su sentido más profundo, un misterio.

Quiero citar la esencia de lo que dijo John Wesley sobre ese acto eterno y misterioso de Dios que se rebajó a hacer su tabernáculo entre los hombres.

Wesley declaró que hemos de distinguir entre el acto y el método con el que este se lleva a cabo, y aconsejaba que no rechacemos un acto porque no sepamos cómo se hizo. ¡Creo que es un consejo muy sabio!

También creo que es muy apropiado que entremos en la presencia de Dios con reverencia, inclinando nuestras cabezas y cantando

Dios no adoptó la naturaleza de los ángeles, sino la de la simiente de Abraham.

sus alabanzas, reconociendo sus actos de amor por nosotros incluso con nuestras palabras: "Es cierto, oh Dios, aunque no sepamos o entendamos cómo has hecho que suceda".

No rechazaremos un hecho por no saber cómo fue el proceso que lo llevó a cabo.

SIN CONCESIONES

Entonces, ¿qué podemos saber de este gran misterio?

Como mínimo, podemos saber esto sin ninguna duda: que la encarnación no puso en entredicho la deidad. Recordemos siempre que cuando Dios se encarnó no tuvo que renunciar a su deidad.

En épocas pasadas, los dioses mitológicos de las naciones solían hacer concesiones. Los dioses romanos, los dioses de las leyendas griegas y escandinavas, eran dioses que sabían hacer concesiones y que, a menudo, en las historias mitológicas las hacían.

No obstante, el Dios santo que es Dios (y todo lo demás no es Dios), nuestro Padre que está en los cielos, nunca podía comprometer su deidad. La encarnación, el Verbo hecho carne, se consiguió sin que la Deidad santa tuviera que menoscabar su condición de Dios.

El Dios viviente no se degradó con esta condescendencia. No se hizo, en ningún sentido, nada menos que Dios.

Siguió siendo Dios en todo momento, y todo lo demás siguió sin ser Dios. Incluso después de que Jesucristo se hiciera hombre y habitase entre nosotros, ese abismo seguía ahí. Dios no se degradó cuando se hizo hombre, sino al contrario: mediante el acto de la encarnación elevó a la humanidad a sí mismo.

En el Credo de Atanasio queda claro que los padres de la Iglesia primitiva fueron precavidos en este punto de la doctrina. No nos permiten creer que Dios, en la encarnación, se hizo carne mediante la reducción de la deidad a la carne, sino más bien por medio de la elevación de la humanidad a Dios.

Es decir, que no degradamos a Dios, sino que elevamos al hombre, ¡y esta es la maravilla de la redención!

También tenemos otra realidad indudable que podemos conocer sobre los actos de Dios, y es que Dios nunca puede incumplir un trato. ¡Esta unión del ser humano con Dios se extenderá a perpetuidad!

En el sentido que lo hemos estado considerando, Dios nunca puede dejar de ser hombre, porque la segunda Persona de la Trinidad nunca puede antiencarnarse o desencarnarse. La encarnación es un hecho perpetuo, porque el "Verbo fue hecho carne, y habitó entre nosotros" (Juan 1:14).

Aquí debemos centrar nuestros pensamientos en aquellos primeros días de la historia humana, porque sabemos que, después de que Dios crease a Adán, el Creador tuvo comunión con los hombres.

He hojeado un libro titulado *Earth's Earliest Ages* [Las primeras eras del planeta Tierra]. No diré que lo he leído, porque rápidamente llegué a la conclusión de que el autor parece creer que sabe más sobre el periodo antediluviano de lo que sabía Moisés. Cuando me encuentro con un hombre que afirma saber más que Moisés sobre un tema en el que este era un especialista, dejo a un lado su libro.

Admito que me gusta soñar y perderme en mis pensamientos sobre esas eras que transcurrieron hace tanto tiempo. Siempre me ha fascinado el pasaje de Génesis que nos dice que una vez Dios vino a pasear por el huerto durante el frescor del día, llamando a Adán. Pero Adán no estaba allí.

No creo que estemos extrapolando nada del pasaje si damos por hecho que este tipo de encuentro de Dios con Adán era una costumbre habitual en aquel tiempo. No se nos dice que esta fuera la primera vez que Dios hubiera bajado a pasear con Adán entre los cantos de las aves y la luz difusa del atardecer.

Dios y el hombre caminaban juntos porque el Creador había hecho al ser humano a su imagen, y no se degradaba al tener comunión con él.

> **Dios y el hombre caminaban juntos porque el Creador había hecho al ser humano a su imagen.**

Sin embargo, ahora Adán se ha escondido. El orgullo y la desobediencia, la duda y los fracasos en las pruebas; el pecado ha roto la comunión entre el Creador y lo creado. El Dios santo debe rechazar al hombre caído, expulsándole del huerto y poniendo a su entrada una espada de fuego para impedir su retorno.

LA PRESENCIA PERDIDA

Adán había perdido la presencia del Dios Creador y, a lo largo del relato que hace la Biblia de las eras que se sucedieron, Dios nunca volvió a habitar con la humanidad exactamente de la misma manera.

Para los israelitas, Dios habitaba en la *shekiná*, oculto en el fuego y en la nube. De vez en cuando se manifestaba en lo que los teólogos llaman "teofanía", una aparición de la Deidad. A veces Dios hablaba brevemente con un hombre, como lo hizo con Abraham a la puerta de su tienda, o con Gedeón en la era. Dios no se quedaba mucho tiempo: su aparición siempre era prudente y velada.

Incluso cuando Dios se manifestó a Moisés lo hizo en medio del fuego de la zarza ardiente, o mientras Moisés estaba oculto en la hendidura de la peña. Los ojos de los hombres caídos y pecadores no podían soportar ya la majestad radiante y la gloria de la Deidad.

Entonces, en la plenitud del tiempo, Dios se acercó de nuevo a los hombres, porque el "Verbo fue hecho carne, y habitó entre nosotros".

Le llamaron "Emanuel", que significa "Dios con nosotros". Durante esa primera venida de Jesús el Cristo, Dios volvió a habitar entre los hombres en persona.

Quiero que sepas que no soy un predicador amante de las preposiciones, pero en este caso debemos destacar tres preposiciones que tienen que ver con la venida de Jesús, de Dios apareciendo como hombre.

Apareció para habitar con los hombres. Apareció para unirse a ellos. En última instancia, vino para morar en los hombres para siempre. Por lo tanto, vino a habitar con los hombres, para ellos y en ellos.

Siempre comento con cierta ironía las frustraciones de los traductores cuando se encuentran con pasajes como: "A Dios nadie le vio jamás; el unigénito Hijo, que está en el seno del Padre, él le ha dado a conocer" (Juan 1:18).

La Palabra de Dios es demasiado grande para los traductores. Llegan a esta frase en griego: "el Hijo le ha dado a conocer". En la versión inglesa King James dice solamente "declaró". En otras versiones esquivan el término, lo rodean o lo pasan por alto. Usan dos o tres palabras y luego lo reducen todo a una. Hacen todo lo posible para intentar expresar lo que dijo el Espíritu Santo, pero tienen que renunciar: nuestro idioma no es capaz de decirlo todo.

Una vez hemos usado todas nuestras palabras y sinónimos, aún no hemos dicho todo lo que Dios reveló cuando dijo: a Dios nadie le ha visto jamás, pero cuando vino Jesucristo nos mostró cómo es Dios (paráfrasis de Juan 1:18).

Supongo que nuestro lenguaje sencillo y cotidiano es tan bueno como cualquier otro.

Él le ha revelado, ¡nos ha mostrado cómo es Dios!

Le ha declarado. Le ha manifestado. Le ha revelado. Los traductores moldean así su idioma, intentando expresar este milagro maravilloso del significado.

No obstante, el hombre que caminó por Galilea era Dios y actuaba como tal. Era Dios, deliberadamente limitado, habiendo cruzado el ancho y misterioso abismo entre lo que es Dios y lo que no lo es; Dios y criatura. Ningún hombre había visto jamás a Dios.

"El unigénito Hijo, que está en el seno del Padre…" (Juan 1:18). ¿Te has fijado que el tiempo verbal no dice *estaba*? Tampoco dice que el Hijo *estará* en el seno del Padre. *Está* en el seno del Padre. Lo afirma en tiempo presente, perpetuo; creo que los gramáticos lo llaman "presente continuo". Es el lenguaje de la continuación.

Por consiguiente, cuando Jesús estaba colgado en la cruz, no abandonó el seno del Padre.

Entonces me preguntarás: "Sr. Tozer, si esto es así, ¿cómo es que nuestro Señor Jesús clamó 'Dios mío, Dios mío, ¿por qué me has desamparado?'?" (Marcos 15:34).

¿Tenía miedo? ¿Se equivocaba?

¡Nunca, jamás!

La respuesta debería estar muy clara para aquellos que le amamos y le servimos.

Incluso cuando Cristo Jesús murió por la humanidad en aquella cruz impía, infestada de moscas, nunca dividió a la Deidad. Tal como señalaban los teólogos de la antigüedad, la sustancia no se puede dividir. Ni siquiera todas las espadas de Nerón lograron nunca atravesar la sustancia de la Deidad para separar al Padre del Hijo.

Fue el hijo de María quien clamó: "¿Por qué me has desamparado?".

Fue el cuerpo humano que Dios le había dado.

Quien gritó fue el sacrificio, el cordero a punto de morir.

Quien clamó fue el Jesús humano; fue el Hijo del Hombre quien lloró.

Puedes estar seguro de que la Deidad antigua e intemporal nunca estuvo dividida; cuando exclamó "en tus manos encomiendo mi espíritu" (Lucas 23:46), Jesús seguía estando en el seno del Padre.

De modo que la cruz no dividió a la Deidad; nada puede hacer eso. Es una para siempre, indivisible, la sustancia indivisa, tres personas distintas.

¡Oh, la maravilla de la teología antigua de la Iglesia cristiana! ¡Qué poco conocemos de esta teología en nuestros tiempos de frívola superficialidad! ¡Y cuánto más deberíamos conocer!

"A Dios nadie le vio jamás; el unigénito Hijo, que está en el seno del Padre, él le ha dado a conocer" (Juan 1:18).

REFLEXIÓN PERSONAL

1. ¿Cómo difiere la encarnación de Dios Hijo de las leyendas de los dioses romanos, griegos y escandinavos?

2. ¿Qué le pasó a la humanidad cuando Dios se hizo hombre?

3. Cuando Dios Hijo se hizo hombre y padeció en la cruz, ¿se dividió la Deidad? ¿Por qué sí o por qué no?

6

EL CENTRO DE TODAS LAS COSAS

Cristo es el todo, y en todos.

Colosenses 3:11

Cristo es el centro de todas las cosas. Es, por así decirlo, el eje de una rueda, en torno al cual gira todo lo demás. Hace siglos alguien dijo que Cristo es como el eje, y que todo lo que ha sido creado está situado en el borde de la rueda.

Uno de los padres de la Iglesia primitiva dijo: "Todo lo que existe está tan distante de Jesús como cercano está a Él".

Ahí tenemos el eje de la rueda, situado en el centro, del que salen los radios que llegan hasta el aro. Entonces, en la rueda de forma perfecta, el aro se encuentra a igual distancia del eje en todos sus puntos. Para nosotros, Jesucristo ocupa su lugar como eje, y todo lo demás está en el borde de la rueda. Cuando Jesucristo ocupa su lugar como eje, todos estamos igual de cerca o igual de lejos de Él.

Jesús está en el centro y, dado que esto es cierto, está accesible desde cualquier punto de la vida. Esto es una buena noticia, ¡una noticia maravillosa, excelente!

Esta verdad permite que insistamos en que Jesucristo está en el centro de la geografía. Por lo tanto, nadie puede decir que tiene ventaja en su relación con Jesús basándose en dónde vive.

EL CENTRO DE LA GEOGRAFÍA

Da la casualidad de que ahora mismo estoy leyendo la *Historia del cristianismo latino*, y he vuelto a leer las crónicas de los cruzados. En tiempos de la Cruzada histórica, muchos creían que se podían conseguir méritos haciendo un peregrinaje al lugar donde había nacido Jesús, y concretamente al sepulcro donde se depositó su cuerpo.

Cuando Pedro el Ermitaño, viejo y descalzo, estimuló a todos los europeos al frenesí de organizar las Cruzadas, puso como meta liberar la tumba de la que Jesucristo había salido más de mil años antes. Los cruzados pensaban que, si lograban arrebatar la tumba vacía a los musulmanes, todo iría bien. Hoy día sigue habiendo un gran interés por saber dónde había estado Jesús, pero no sé por qué insistimos en ser tan obtusos espiritualmente.

¿Es que no hemos leído las palabras de Jesús? Dijo: "la hora viene cuando ni en este monte ni en Jerusalén adoraréis al Padre… cuando los verdaderos adoradores adorarán al Padre en espíritu y en verdad; porque también el Padre tales adoradores busca que le adoren" (ver Juan 4:21-24). ¡No es en un monte ni en una ciudad determinados!

Nos preguntamos por qué los cruzados no se plantearon esto. ¿A qué se debieron todas aquellas heridas sangrantes, la hambruna, el sufrimiento y la muerte? ¿De qué sirvieron los largos y agotadores peregrinajes hasta los lugares donde nació, murió o fue sepultado

Jesús? En este mundo no hay un lugar más ventajoso que otro. Ninguno de nosotros sería mejor cristiano por el mero hecho de vivir en Jerusalén. Si vivieras en el punto del mundo más lejano posible de Jerusalén, no estarías en desventaja. Jesucristo ocupa el mismísimo centro geográfico. ¡Estamos igual de cercanos a Él en cualquier lugar del mundo! O tan lejanos… Es decir, que la geografía no significa nada en nuestra relación con Él.

Ha habido predicadores que se han gastado mucho dinero pensando que predicarían mejor si visitasen Jerusalén. Así que van para allá, visitan Jerusalén y, cuando regresan, lo único que tienen son unas cuantas anécdotas más que contar. En realidad, no son mejores que antes, y su público tampoco se beneficia del viaje. Creámoslo: ¡Jesús es el eje, y cualquier punto geográfico lo rodea!

> Jesucristo se halla en el centro de la raza humana, en el centro de la geografía, es el personaje central del tiempo y está en el centro de todas las culturas.

EL CENTRO DEL TIEMPO

A continuación, hemos de llegar a la conclusión de que Jesucristo es el centro del tiempo. Muchas personas se entristecen cuando lamentan no haber vivido en la misma época en que Cristo caminó por este mundo. Es bueno recordar y estudiar la vida y los ministerios de Jesús de hace tanto tiempo. Uno de nuestros himnos dice:

> Pienso al leer la dulce historia del ayer,
> cuando Jesús moraba entre los hombres
> y a su redil llamaba a los niños cual corderos,
> ¡cuánto hubiera querido estar con Él entonces!

Más de uno se ha tenido que enjugar las lágrimas al cantar estas palabras, pero ¿sabías que las personas que acompañaron a Jesús en aquellos tiempos en que caminó entre los hombres no estaban tan bendecidas como lo estarían diez días después de que Él se fuera?

Diez días después de su partida envió al Espíritu Santo y, de repente, los discípulos, que hasta entonces comprendían solo en parte, entendieron claramente el plan de Dios, como un resplandor de luz.

Sin embargo, nosotros decimos: "Me hubiera gustado vivir en la época de Cristo".

¿Por qué? ¡En la época de Cristo había hipócritas y fariseos y adversarios, asesinos e incrédulos! Hace dos mil años no habrías encontrado nada mejor que ahora.

Algunos de ustedes que miran al pasado con nostalgia, pensando en aquellos días que consideran buenos tiempos, ¡tienen que librarse de ello!

EL CENTRO DE LA HUMANIDAD

Pensemos también en que Jesucristo es el centro de la raza humana. Para Él no hay razas más importantes que otras. Lo que más nos conviene es llegar al punto de creer que Jesucristo es el Hijo del Hombre. No es el Hijo del siglo I ni del siglo XXI. Es el Hijo del Hombre, no solo el Hijo de la raza judía. Es el Hijo de todas las razas, sea cual sea su color o su idioma.

Cuando Jesucristo se hizo hombre en carne mortal, no solo se encarnó en el cuerpo de un judío, sino en el cuerpo de toda la raza humana.

Ve a Tíbet o a Afganistán, a los indios de Sudamérica, los musulmanes de Arabia, los británicos de Londres o los escoceses de Glasgow y predica a Jesús. Si tienen fe y la disposición a seguirle, Él los llevará a todos a tener comunión con su Persona. Todos están en el borde de la rueda. Todos están igual de lejos e igual de cerca. Esta es la razón de ser del tipo de filosofía misionera que sostenemos. No vamos a un país a educar primero a sus habitantes y luego a predicarles a Cristo. ¡Sabemos que la cosa no es así! Sabemos que Jesucristo está igual de cerca del nativo sin formación, sin cultura, como lo está del educado caballero de Nueva York o de Londres. Cristo está en el centro de todos los niveles culturales. Predica a Cristo y manifiesta el amor de Dios a las personas más primitivas, olvidadas y analfabetas del mundo; sé paciente y ayúdalas a entender. Sus corazones despertarán, el Espíritu iluminará sus mentes. Quienes crean en Jesús serán transformados. Este es un proceso hermoso que hoy día se demuestra una y otra vez por todo el mundo.

> Cuando Jesucristo se hizo hombre en carne mortal, no solo se encarnó en el cuerpo de un judío, sino en el cuerpo de toda la raza humana.

Por ejemplo, en Nueva Guinea y en diversos lugares de Indonesia, hombres de la Edad de Piedra y caníbales repulsivos están naciendo de nuevo con tanta rapidez como licenciados universitarios, porque Jesús está tan cerca de la jungla como de los muros tapizados de hiedra.

¡Está en el centro de todas las culturas!

Jesús también está en el centro de todas las eras. Con esto me refiero a nuestras eras humanas, nuestros cumpleaños. Estás tan cerca de Jesús cuando tienes ochenta años como cuando tienes ocho; tan cerca de Él a los setenta como a los siete.

Se nos ha dicho que a medida que envejecemos es más difícil

que busquemos a Dios, y que se reduce la probabilidad de acudir a Jesús. Pero nuestra capacidad para acudir a Jesús, la distancia a la que estamos de Dios, no es mayor cuando tenemos noventa años que cuando éramos unos niños.

Por lo tanto, Jesucristo se halla en el centro de la raza humana, en el centro de la geografía, es el personaje central del tiempo y está en el centro de todas las culturas.

¡Nuestro Señor está en el centro de todas las experiencias de la vida!

TODOS PUEDEN ALCANZARLE

Nuestro Señor nos habla paz por medio de las experiencias de la vida. Una experiencia es la consciencia de las cosas que suceden a nuestro alrededor. Un bebé recién nacido no tiene experiencia. Hasta ese momento, no es más que un pequeño desconocido en nuestro mundo. Pero aprende rápido y, muy pronto, la experiencia le enseñará que, cuando se pone a llorar, captará la atención de otros.

El hombre que vive y alcanza los cien años de edad ha tenido muchas experiencias. Sin embargo, si vive en algún lugar de las colinas que abandona pocas veces, seguramente su gama de experiencias será limitada.

Si es un viajero del mundo, con una buena formación y un amplio círculo de amigos, su experiencia será tan vasta que es un misterio que su cerebro logre guardar tantos datos para recordarlos en el futuro con objeto de utilizarlos.

Pregunto: ¿Quién está más cercano a Jesús? El niño que tiene poca experiencia, ¿tiene ventaja sobre el hombre que tiene mucha? ¡No hay diferencia! Jesucristo se halla en el centro de las experiencias de la vida, y todo el mundo puede alcanzarle, ¡da igual quién sea!

Jonathan Edwards, aquel poderoso predicador del siglo XVIII, se convirtió cuando solo tenía cinco años. Escribió: "Nunca volví atrás. Seguí avanzando". ¿Qué experiencias puede tener un niño de cinco años?

Lee los primeros capítulos de 1 Samuel y recuerda que el niño Samuel solo tenía doce años. No era más que un muchacho. Y luego estaba Elí, que tenía noventa y ocho años. Ahí tenemos a los dos, al niño y al anciano.

¿Qué experiencia había tenido aquel niño? Prácticamente ninguna. ¿Qué experiencia había tenido el anciano? Casi todas. Había recorrido toda la escala, toda la gama de posibilidades humanas. Sin embargo, el joven Samuel, que no había tenido experiencias, estaba tan cerca de Dios como Elí que, con el paso de los años, había descubierto todos los entresijos de la vida.

Recuerda que cuando nuestro Señor estaba clavado en la cruz, alguien redactó una placa escrita en hebreo, en griego y en latín, que luego clavó por encima de su cabeza en el madero: "ESTE ES JESÚS, EL REY DE LOS JUDÍOS". Alguien ha señalado que, al hacer esto, Dios había conquistado el mundo entero. El hebreo representa a la religión; el griego, a la filosofía; y, el latín, el poderío militar romano. Allí se condesaron todas las posibilidades de la experiencia humana a escala mundial.

El Hijo de Dios estaba tan cerca de los romanos como del maestro hebreo, Nicodemo, quien dijo: "Rabí, sabemos que has venido de Dios" (Juan 3:2).

Es decir, que en realidad el mundo de aquel entonces estaba dividido en tres partes, que vienen a ser las mismas que tenemos hoy, ¿no es cierto?

Seguimos teniendo la religión, la cultura y la combinación de lo militar con la política. Todo parece encajar en algún punto de estas categorías.

Jesucristo fue crucificado en el mismísimo centro del mundo humano, o sea, que es tan fácil alcanzarle desde la torre de marfil del filósofo como desde el santuario del sacerdote. Es tan fácil que lo alcance el soldado uniformado como el pensador con sus gruesos volúmenes.

Cristo Jesús, nuestro Señor, está en el centro, así que nadie puede decir que tiene ventaja sobre otros. ¡Gracias a Dios! Nadie me puede asustar, intimidar o expulsar.

Nuestro Señor nos habla paz por medio de las experiencias de la vida.

Nadie puede menospreciarme diciendo "¡Ah! Es que tú no sabes nada".

Lo han intentado. Cuando dicen algo así sonríen, y yo devuelvo la sonrisa y pienso: "Hermano, tú eres el que no sabe nada, ¡porque yo sí lo sé!".

Sé que desde donde estoy puedo alcanzar a Dios con tanta rapidez como cualquier otro ser humano.

Einstein, con su gran inteligencia, podría haberse acercado a este Mesías y tocarlo, de haber querido. En Estados Unidos hay muchos que no saben leer ni escribir. Einstein y el hombre que firma con una "X" están dentro de la misma categoría. Los dos están en el borde del aro. Nadie puede decir que tiene ventaja sobre cualquier otro.

Entonces, dirás: "¿Por qué no acude todo el mundo?".

Debido a una tozudez inexcusable.

Debido a la incredulidad.

A causa de la preocupación por otras cosas.

¡Porque no creemos que le necesitamos de verdad!

Hay millones de personas que le dan la espalda porque no quieren confesar su necesidad. Si has descubierto que le necesitas, puedes acudir a Él en fe, puedes tocarle y sentir cómo su poder se extiende para ayudarte, seas quien seas.

Jesús no vino para salvar solo a las personas con estudios. ¡Vino a salvar a los pecadores! No solo a los blancos, sino a personas de todos los colores que hay debajo del sol. No solo a los jóvenes, ¡sino a personas de todas las edades!

¡Creamos esto y demos honra a Dios en medio de nosotros! Lo más importante sobre tu relación con Jesús ¡es que puedes llegar a Él desde donde estés!

REFLEXIÓN PERSONAL

1. ¿Cómo es que Jesús es el centro de todas las cosas? ¿Cómo influye en tu vida este conocimiento?

2. ¿Por qué crees que es tan difícil buscar la ayuda de Cristo en la vida cotidiana?

EL OBRADOR
DE MILAGROS

*cómo Dios ungió con el Espíritu Santo y con
poder a Jesús de Nazaret, y cómo este anduvo
haciendo bienes y sanando a todos los oprimidos
por el diablo, porque Dios estaba con él.*

Hechos 10:38

Si tenemos la unción del Espíritu Santo y su presencia en nuestras vidas, deberíamos ser capaces de hacer lo que pudo hacer Jesús, el Hijo del Hombre, durante su ministerio terrenal.

Por favor, cuando te diga lo que pienso, no cierres este libro y te marches. Estoy convencido de que nuestro Señor Jesús, mientras estaba en la tierra, no realizó sus obras prodigiosas basándose en el poder de su deidad. Creo que las hizo con la fortaleza y la autoridad de su humanidad ungida por el Espíritu.

Mi razonamiento es este: si Jesús hubiera venido al mundo y hubiera desarrollado su ministerio basándose en el poder de su deidad, lo que hizo se habría aceptado como algo natural. ¿Es que Dios no puede hacer cualquier cosa que desee? Nadie habría cuestionado sus obras como las obras de Dios, pero Jesús veló su deidad y ministró como ser humano. Sin embargo, es notable que no empezase su ministerio (sus actos de autoridad y de poder) hasta que fue ungido por el Espíritu Santo.

Sé que hay eruditos y expertos en teología que me discutirán esta conclusión. A pesar de ello, afirmo que es cierta. Jesucristo, con el poder y la autoridad de su humanidad ungida por el Espíritu, calmó el oleaje, aplacó los vientos, sanó a los enfermos, dio vista a los ciegos, ejerció una autoridad absoluta sobre los demonios y resucitó a los muertos. Hizo todas las cosas milagrosas que fue impulsado a hacer entre los hombres, pero no como Dios, lo cual no hubiera sido milagroso, sino como un hombre ungido por el Espíritu. ¡Increíble!...

Reflexiona conmigo sobre el mensaje del apóstol Pedro a Cornelio y a su hogar gentil:

cómo Dios ungió con el Espíritu Santo y con poder a Jesús de Nazaret, y cómo éste anduvo haciendo bienes y sanando a todos los oprimidos por el diablo, porque Dios estaba con él (Hechos 10:38).

La epístola a los Hebreos dice que la unción que Dios puso sobre Jesús fue una unción superior a la de sus congéneres. Lo que yo creo es que esa "unción por encima de todos" no le fue dada porque Dios decidiese ungirlo así, sino porque Él estaba dispuesto a recibirla. ¡Podía ser ungido hasta ese extremo!

¿Qué significaba esa unción?

Si examinamos el sacerdocio levítico, descubrimos un ritual de unción en el que se usaba un óleo especialmente preparado. Se machacaban ciertas hierbas aromáticas y se mezclaban con el aceite, volviéndolo fragante. Era algo único; Israel no podía usar la misma receta para elaborar ningún otro aceite. Cuando un sacerdote era apartado y ungido, el óleo era un símbolo vívido de la unción del Espíritu Santo que hallamos en el Nuevo Testamento. El óleo de unción sagrado solo se podía usar para ungir a hombres que tuvieran un ministerio especial, como los sacerdotes, tal como he dicho, o los reyes y los profetas. No iba destinado a las personas carnales y pecadoras.

En Levítico leemos acerca de la consagración de Aarón como el primer sumo sacerdote. El óleo de la unción y la sangre del altar se mencionan al mismo tiempo: "Luego tomó Moisés del aceite de la unción, y de la sangre que estaba sobre el altar, y roció sobre Aarón, y sobre sus vestiduras… y santificó a Aarón y sus vestiduras" (8:30).

La fragancia del óleo de unción era única. Si alguien estaba cerca de un sacerdote del Antiguo Testamento, enseguida podría decir: "Huelo a alguien ungido. ¡Huelo el aceite de la unción!". Quien estaba cerca captaba el aroma, la intensidad, la fragancia del óleo. Semejante unción no se podía mantener en secreto.

En el Nuevo Testamento, cuando descendió el Espíritu Santo, su presencia se ajustó a toda la lista de fragancias que despedía el aceite santo de la unción. Cuando se ungía a los creyentes del Nuevo Testamento, la unción era evidente. Léelo en el libro de Hechos:

Y fueron todos llenos del Espíritu Santo (2:4).

…y todos fueron llenos del Espíritu Santo, y hablaban con denuedo la palabra de Dios (4:31).

Pero Esteban, lleno del Espíritu Santo, puestos los ojos en el cielo, vio la gloria de Dios (7:55).

Mientras aún hablaba Pedro estas palabras, el Espíritu Santo cayó sobre todos los que oían el discurso (10:44).

Y la lista no acaba aquí.

El Espíritu Santo no ha cambiado. Su poder y su autoridad no han cambiado. Sigue siendo la tercera Persona de la Deidad eterna. Vive entre nosotros para enseñarnos todo lo que necesitamos saber sobre Jesucristo, el Hijo eterno de Dios.

LA UNCIÓN NO ES UN SECRETO

Lo que sugiero (de hecho, lo que afirmo) es que nadie entre nosotros, hombre o mujer, puede ser ungido de verdad por el Espíritu Santo y mantenerlo en secreto. Su unción será evidente.

Una vez un hermano en la fe me confesó que había intentado mantener en secreto la plenitud del Espíritu en su propia vida. Se había comprometido a entregar su vida a Dios por fe. Como respuesta a la oración, Dios le había llenado con el Espíritu. Para sí, aquel hombre dijo: "¡Esto no se lo puedo contar a nadie!".

> Nadie entre nosotros, hombre o mujer, puede ser ungido de verdad por el Espíritu Santo y mantenerlo en secreto.

Pasaron tres días. Al tercer día su mujer le tocó en el brazo y le dijo: "Everett, ¿qué te ha pasado? ¡Está claro que te ha pasado algo!". Y como si se tratara de un torrente reprimido, fluyó todo su testimonio. Había recibido la unción del Espíritu Santo. No podía ocultar la fragancia. Su esposa la detectó en su hogar. Su vida se transformó. Las gracias y frutos espirituales de la vida consagrada no se pueden ocultar. Es una unción con el óleo de la alegría, del gozo.

¡Me alegra decirle a todo el mundo que el poder del Espíritu es un poder de gozo! Nuestro Salvador, Jesucristo, vivió su vida hermosa y santa en la tierra, y realizó sus sanaciones poderosas con la potencia de este óleo de alegría.

Debemos admitir que sobre la cabeza de Jesús reposaba más cantidad del santo óleo de Dios que sobre la tuya o la mía, o sobre la cabeza de cualquier otra persona que haya vivido. Esto no quiere decir que Dios no quiera conceder lo mejor de sí mismo a todo el mundo, pero el Espíritu de Dios solo puede ungir en proporción a la disposición que encuentre en nuestras vidas. En el caso de Jesús se nos dice que disfrutaba de una unción especial porque amaba la justicia y aborrecía la iniquidad. Sin duda esto nos da la pista que necesitamos sobre el tipo de personas que debemos ser para recibir la unción y la bendición plenas del Dios Todopoderoso.

> No podemos amar la honestidad sin aborrecer la deshonestidad.

Cuando Jesús estuvo en el mundo, no fue esa persona pasiva, incolora, blanda, que a veces han reflejado los pintores y los escritores. Era un hombre fuerte, un hombre de voluntad firme. Pudo amar con un amor tan intenso que ardía en su vida. Pudo odiar con el máximo grado de odio todo aquello que estaba mal, que era malo, egoísta y pecaminoso.

Invariablemente, cuando hago una afirmación como esta alguien objeta: "No puedo creerme algo así de Jesús. ¡Siempre pensé que odiar es pecado!".

Estudia durante tiempo y exhaustivamente las narraciones de Jesús, mientras estaba en el mundo, y sus enseñanzas. En estas encontrarás la respuesta. Es pecado que los hijos de Dios no odien lo que es aborrecible. Nuestro Señor Jesús amaba la justicia, pero odiaba la iniquidad. ¡Creo que podemos decir que odiaba a la perfección el pecado, la injusticia y el mal!

Si somos cristianos entregados, consagrados, verdaderos discípulos del Cristo crucificado y resucitado, hay algunas cosas que debemos aceptar.

No podemos amar la honestidad sin aborrecer la deshonestidad.

No podemos amar la pureza sin odiar la impureza.

No podemos amar la verdad sin despreciar la mentira y el engaño.

Si pertenecemos a Jesucristo, debemos odiar el mal, tal como Él lo odiaba en todas sus manifestaciones. La capacidad que tenía Jesucristo para aborrecer aquello que se oponía a Dios y amar aquello que estaba lleno de Dios fue la fuerza que le permitió recibir la unción (el óleo de alegría) en toda su plenitud. Por nuestra parte humana, lo que nos impide recibir el Espíritu Santo en toda su plenitud es nuestra imperfección a la hora de amar lo bueno y odiar lo malo. Dios no nos da todo lo que podría porque somos reacios a seguir a Jesús en su gran amor derramado por todo lo que es justo, y en su odio puro y santo contra aquello que es malo.

REFLEXIÓN PERSONAL

1. ¿Por qué es importante que Jesús, como hombre, realizase milagros por el poder del Espíritu Santo y no solo basándose en su poder divino?

2. ¿Cómo se diferencia la imagen de Jesús en el Nuevo Testamento de las que nos proporciona a menudo el mundo que nos rodea?

3. ¿Cómo cambiaría tu vida si recibieses una medida más grande del Espíritu Santo?

EL SALVADOR DE LAS PERSONAS

*Porque no envió Dios a su Hijo al
mundo para condenar al mundo, sino
para que el mundo sea salvo por él.*

Juan 3:17

Ahora bien, cuando la Palabra dice que Dios envió su Hijo al mundo, no nos habla solamente del mundo como lugar geográfico. No nos indica simplemente que Dios envió a su Hijo a Oriente Próximo, que le envió a Belén, una ciudad en Palestina.

Sin duda que vino a Belén. Nació en ese pequeño territorio situado entre dos mares; pero este mensaje no tiene ningún sentido geográfico o astronómico. No tiene nada que ver con kilómetros, distancias, continentes, montañas y aldeas.

Lo que significa de verdad es que Dios envió a su Hijo a la raza humana. Cuando aquí habla del mundo, no significa que a Dios le gustase nuestra geografía. No quiere decir que Dios amó mucho los montes cubiertos de nieve, los prados bañados por el sol, los arroyos veloces o las grandes cimas del norte.

Seguro que Dios ama todas estas cosas; yo creo que sí. Es imposible leer el libro de Job o de Salmos sin entender que Dios está enamorado del mundo que creó.

Sin embargo, en la cita bíblica anterior el significado no es este. Dios envió su Hijo a la raza humana. Vino a las personas. Esto es algo que no debemos olvidar jamás: Jesucristo vino a buscar y a salvar a personas. No solo a ciertas personas favorecidas, no a determinados tipos de personas, no solo a personas en general.

Los seres humanos tenemos tendencia a utilizar términos genéricos y, rápidamente, adoptamos una perspectiva meramente científica. Dejemos a un lado ese paradigma y confesemos que Dios nos amó a cada uno de nosotros de una manera especial, de modo que su Hijo vino a las personas de este mundo, ¡e incluso se hizo como una de ellas!

Si te imaginas lo que sería ser igual a Puck[1], que era capaz de dar una vuelta entera al mundo en cuarenta pestañeos, piensa en los tipos de personas que verías de una sola vez. Verías a cojos, ciegos y leprosos. Verías a los obesos, los delgados, los altos y los bajos. Verías gente limpia y gente sucia. Verías a algunos paseando con toda seguridad por las avenidas, sin miedo a la policía, pero también a otros ocultos en los callejones y entrando a los edificios por ventanas rotas. Verías a unos sanos y a otros que se retorcerían en la agonía de la muerte. Verías ignorantes y analfabetos, al mismo tiempo que aquellos que se reúnen bajo los olmos de alguna ciudad universitaria, alimentando los sueños profundos de grandes poemas, obras teatrales o libros con los que asombrar y encantar al mundo.

¡Personas! Verías a millones de personas: personas cuyos ojos son

---

1. Puck es un personaje de *El sueño de una noche de verano*, de William Shakespeare.

más rasgados que los tuyos, y personas cuyo cabello no es como el tuyo. Sus costumbres no son las tuyas, ni tienen los mismos hábitos que tú. Pero todos son personas. La cuestión es que las diferencias son todas externas. Sus similitudes se encuentran en su propia naturaleza. Sus diferencias tienen relación con las costumbres y los hábitos; su semejanza tiene que ver con su naturaleza.

ÉL VINO POR TODAS LAS PERSONAS

Hermanos, atesoremos esta idea: Dios envió a su Hijo a las personas; es el Salvador de las personas. Jesucristo vino a dar vida y esperanza a personas como tu familia y como la mía.

El Salvador del mundo conoce el verdadero valor y la dignidad de toda alma viviente. No tiene en cuenta la posición social o el honor humano ni las clases. Nuestro Señor no se preocupa por este tema del estatus del que habla todo el mundo.

Cuando Jesús vino a este mundo, nunca le preguntó a nadie: "¿Cuál es tu coeficiente intelectual?". Nunca le preguntó a nadie si había viajado por el mundo o no. Demos gracias a Dios que le envió, ¡y Él vino! Ambas cosas son ciertas; no son contradictorias. ¡Dios le envió como Salvador! ¡Cristo, el Hijo, vino a buscar y a salvar! Vino porque fue enviado, y acudió porque su gran corazón le incitaba y le inducía a venir. Bien, ahora pensemos en la misión que vino a cumplir. ¿Sabes qué he estado pensando sobre nuestra situación como personas, como humanos?

Pensemos e imaginemos que aún estamos en nuestra condición de paganos. Imaginemos que no tenemos la Biblia ni el himnario,

> El Salvador del mundo conoce el verdadero valor y la dignidad de toda alma viviente.

y que estos dos mil años de enseñanza y de tradición cristianas no han tenido lugar. Hablando en términos humanos, estamos solos.

De repente, alguien proclama: "Dios va a enviar a su Hijo a la raza humana. ¡Ya viene!".

¿Qué sería lo primero que pensáramos? ¿Qué nos dirían inmediatamente nuestros corazones y nuestras conciencias? Correríamos en busca de árboles y de rocas y nos esconderíamos como lo hizo Adán entre los árboles del huerto.

¿Cuál sería la misión lógica con la que Dios enviaría a su Hijo al mundo? Sabemos cuál es nuestra naturaleza, y sabemos que Dios lo sabe todo de nosotros, y que por eso envía a su Hijo, para castigarnos.

¿Por qué iba a venir el Hijo de Dios a nuestra raza?

Nuestros propios corazones, el pecado, las tinieblas, el engaño y la enfermedad moral nos dicen cuál sería su misión. ¡El pecado que no podemos negar nos dice que posiblemente Él vendría para juzgar al mundo!

¿Por qué el Espíritu Santo trajo esta proclamación y este mensaje de Dios, anunciando que "no envió Dios a su Hijo al mundo para condenar al mundo" (Juan 3:17)?

Los hombres y las mujeres son condenados en sus propios corazones porque saben que, si viene el Justo, debería sentenciarlos.

Sin embargo, Dios tenía un propósito superior y mucho más misericordioso: vino para que los hombres pecadores pudieran ser salvos. La misión de amor de nuestro Señor Jesucristo no fue condenar, sino perdonar y reclamar.

¿Por qué vino a los hombres y no a los ángeles caídos? Bueno, creo que vino a los hombres y no a los ángeles porque al principio el ser humano fue creado a imagen de Dios y los ángeles no. Creo que vino a la descendencia caída de Adán y no a los demonios caídos porque la descendencia caída de Adán, en otro tiempo, había llevado la misma semejanza de Dios.

Por lo tanto, creo que fue una decisión moralmente lógica que, cuando Jesucristo se encarnó, lo hiciera en la carne y en el cuerpo de un hombre, porque Dios había hecho al hombre a su imagen.

Creo que, aunque el ser humano estaba caído y perdido, aunque iba de camino al infierno, conservaba la capacidad y el potencial que posibilitó la encarnación, de modo que el Dios Todopoderoso pudiera revestirse de la ropa mortal de la carne humana, convirtiéndose en un Hombre para caminar entre los hombres.

Entre los ángeles y las criaturas caídas no había nada igual, de forma que Él no vino a condenar, sino a reclamar, restaurar y regenerar.

Hemos intentado reflexionar sobre esta condescendencia de Dios en términos personales e individuales, y pensar en lo que debería significar para cada uno de nosotros que Dios nos amase así.

Ahora me parece oír a alguien que dice: "Pero Juan 3:16 no menciona la cruz. Nos has estado hablando del amor de Dios, pero no has mencionado la cruz y su muerte a nuestro favor".

Permíteme que diga simplemente que hay quienes insisten e imaginan que siempre que prediquemos hemos de abrir la boca y, en un enorme párrafo circular, incluir todos los dogmas teológicos que se pueden predicar.

Juan 3:16 no menciona la cruz, y quiero decirte que Dios no es tan limitado en sus puntos de vista como lo somos los seres humanos. Lo ha revelado todo, lo ha incluido todo, lo ha dicho todo en algún punto del Libro, de manera que la cruz se levanta como un pilar grande, luminoso, reluciente, en medio de las Escrituras.

Recordamos también que sin la cruz en la que murió el Salvador no existirían las Escrituras, ni la revelación, ni el mensaje de redención, ¡nada! Pero aquí Él nos dio una proclamación amorosa: envió a su Hijo; ¡entregó a su Hijo! Más tarde se reveló que, al entregar a su Hijo, ¡lo entregó a la muerte!

> Jesucristo vino a dar vida y esperanza a personas como tu familia y como la mía.

He dicho que este tiene que ser un mensaje personal para cada hombre y para cada mujer. Como un hijo pródigo en aquella historia, la más emotiva de todas, cada uno debe aceptar su propia necesidad personal y actuar como Él lo hizo: "¡…yo aquí perezco de hambre! Me levantaré e iré a mi padre" (Lucas 15:17-18). Dijo "me levantaré", de modo que se levantó y se fue a ver a su padre.

Debes pensar por ti mismo, ¡porque Dios envió a su Hijo al mundo para salvarte!

Aquí insisto en que debes tener fe, y casi me da miedo decirlo, no sea que alguien me envíe una carta crítica, regañándome.

No te pido que tengas fe en ti mismo; solo insisto en que es correcto que manifiestes tu fe, la fe en Cristo y en lo que Él te ha prometido como individuo.

Es decir, debes creer que eres a quien se refería cuando dijo: "Vuelve a casa".

SE REFERÍA A TI Y A MÍ

Toda la fe general que tengas en Dios no te servirá de nada a menos que estés dispuesto a creer que se refería a ti (a ti, no a otro) cuando dijo: "De tal manera ama Dios que dio a su Hijo por ti".

El hijo pródigo podría haber dicho, en términos generales: "Cuando uno tiene hambre y está a punto de morir, siempre puede volver a la casa de su padre"; pero dijo: "Yo soy quien tiene hambre. Yo soy aquel a quien el padre puede dar una provisión completa. ¡Me levantaré e iré!".

Dios, en su amor, espera que cada individuo acuda con un propósito y una decisión personales: "Me levantaré e iré al hogar, a reclamar la provisión de la casa de mi padre". Si tomas esa decisión personal de fe en Jesucristo, si pones tu fe en el hecho de que eres realmente tú aquel a quien Dios ama y a quien desea perdonar, para ti significará algo más de lo que has sabido jamás, algo hermoso y eterno.

Quiero concluir recordándote también como individuo que la incredulidad siempre encuentra tres árboles tras lo que vacilar y ocultarse. Son estos: Algún Otro, Otro Lugar y Otro Momento.

Escuchamos a alguien que pronuncia un sermón de invitación basado en Juan 3:16 y salimos corriendo al huerto para escondernos tras esos árboles.

"¡Claro que es cierto!", decimos, "pero es para Algún Otro".

Si estuviéramos en Otro Lugar u Otro Momento, estaríamos dispuestos a acudir.

No es importante usar la gramática correcta o el tiempo verbal idóneo: lo que a nuestro Señor le encanta escuchar es tu confesión: "¡Te refieres a mí, Señor! Yo soy el motivo, la causa y la razón por las que viniste al mundo a morir".

Esta es la fe firme y personal en un Redentor personal, y esto es lo que te salva. Te doy mi palabra de que, si te apresuras, tal como eres y poniendo la fe en Jesucristo, ¡a nuestro Señor le importará muy poco si conoces o no toda la teología de este mundo!

REFLEXIÓN PERSONAL

1. Saber que Dios envió a su Hijo para salvar a *todas* las personas, ¿te proporciona valor, o te cuesta aceptarlo como algo cierto?

2. ¿Por qué crees que muchos no cristianos ven a Dios como un abusón vengativo dispuesto a castigar a las personas?

EL REMEDIO

Paz a vosotros.

Juan 20:21

Contrariamente a lo que opinan muchos líderes presuntamente religiosos de este mundo, el cristianismo nunca pretendió ser un "sistema ético" a cuya cabeza estuviera Jesucristo.

Nuestro Señor no vino a la tierra hace dos mil años para presentar el cristianismo como nueva religión o como un sistema nuevo. Vino a este mundo con un propósito eterno. Vino como el centro de todas las cosas. En realidad, vino a ser nuestra religión, si quieres expresarlo así.

Vino en persona, en la carne, para ser la salvación de Dios hasta los confines del mundo. No vino simplemente a delegar su poder en otros, ni para sanar, restaurar o bendecir. Vino a *ser* la bendición, porque todas las bendiciones y la gloria plena de Dios se encuentran en su persona. Dado que Jesucristo es el centro de todas las cosas, ofrece liberación al alma y a la mente humanas mediante su contacto directo, personal e íntimo. Esta no es mi interpretación personal, es la enseñanza básica de la salvación por medio del Mesías-Salvador, Jesucristo. ¡Es una enseñanza que discurre por toda la Biblia!

Te recuerdo que Jesucristo llegó a un mundo de complejas observancias religiosas. Quizá se lo puede comparar a una especie de selva religiosa, donde proliferaba una asfixiante y confusa multiplicidad de tareas, rituales y celebraciones que recaían sobre el pueblo. Era una selva que se había espesado tanto gracias a las ordenanzas humanas que lo único que producía era una oscuridad constante.

> **Dado que Jesucristo es el centro de todas las cosas, ofrece liberación al alma y a la mente humanas mediante su contacto directo, personal e íntimo.**

En medio de todo esto apareció la Luz que podía iluminar a todo hombre, y que venía al mundo. Podía decir y enseñar: "Yo soy la luz del mundo", porque brillaba con tanta fuerza, disipando las tinieblas.

Jesucristo vino en el cumplimiento del tiempo para ser la salvación de Dios. Era la cura divina para todo lo que andaba mal en la raza humana.

Vino a librarnos de nuestros trastornos morales y espirituales, pero también hemos de decir que vino para librarnos de nuestros propios remedios.

NUESTRA VERDADERA CURA

La religión como forma es una de las cargas más pesadas que se haya echado jamás sobre la raza humana, y debemos tener en cuenta que se trata de una carga que nos hemos automedicado. Los hombres y las mujeres que son conscientes de sus trastornos morales y espirituales intentan automedicarse, esperando que su tratamiento mejore su estado.

A menudo me pregunto si existe algún tipo de cura o de medicación humana que el ser humano no haya probado en su intento de restaurar su propia salud y llevarse el mérito.

En la India aún pueden verse millones de peregrinos que, tumbados en el suelo, se arrastran como orugas hacia el río Ganges, esperando que las aguas sagradas los liberen de la carga de la culpa.

La historia nos habla de incontables personas que han intentado superar la culpa mediante la negación de sí mismas y la abstención de comida y de bebida. Muchos han probado una especie de tortura vistiéndose con prendas hechas de pelo o caminando sobre pinchos o carbones ardientes. Ha habido hombres con complejo de ermitaños que han renunciado a la sociedad y se han escondido en cuevas, con la esperanza de obtener algún mérito que les acercase más a Dios y compensara su propia naturaleza pecaminosa.

La humanidad sigue inventando nuevas maneras de tratamiento y de medicación propias para paliar los fracasos, las debilidades y las malas acciones, incluso en nuestros días, sin admitir que la cura ya vino a este mundo.

Simeón, el anciano de Dios que había aguardado con esperanza en las inmediaciones del templo, ¡supo que la cura había llegado! Cuando vio al bebé Jesús, lo tomó en sus brazos, lo contempló y dijo: "Ahora, Señor, despides a tu siervo en paz… porque han visto mis ojos tu salvación" (Lucas 2:29-30).

Por lo tanto, digo a aquellos que dudan o a aquellos que carecen de instrucción que es al propio Jesucristo a quien te ofrece el cristianismo. Sé que algunas iglesias están confusas debido a la introducción de ideas humanas, como la de automedicarse, que ha crecido y se ha expandido como el proverbial árbol de la mostaza.

> **Todo lo que ofrece el cristianismo es a Jesucristo el Señor, y solo a Él, ¡porque Él es suficiente!**

Sin embargo, en realidad, todo lo que ofrece el cristianismo es a Jesucristo el Señor, y solo a Él, ¡porque Él es suficiente! Tu relación con Jesucristo es, en definitiva, el asunto más importante de esta vida.

Estas son, al mismo tiempo, buenas y malas noticias. Es una buena noticia para todos los que se han encontrado con nuestro Salvador y le han conocido íntima y personalmente. Es una mala noticia para quienes esperan entrar en el cielo por cualquier otra vía.

NUESTRA PAZ

Fíjate que en el relato Jesús se puso en medio de todos y dijo: "Paz a vosotros".

Aquí vemos una hermosa explicación de las palabras del ángel: "Y en la tierra paz, buena voluntad para con los hombres". ¡Los ángeles solo pudieron decir eso porque era Jesús quien venía! Él es nuestra paz. Una vez tuve un cartel donde decía "Él es nuestra paz". Debido a la venida de Jesús, los ángeles pudieron anunciar "Y en la tierra paz".

Este pasaje de las Escrituras ilustra el método de Jesús para impartir la sanidad, directa y personalmente. Era Cristo quien estaba en medio, en el centro, y pudo ocupar ese lugar porque Él es Dios, es Espíritu, es eterno, trasciende el espacio, es supremo, es el todo en todos. ¡Merece estar en el centro!

Jesús no vino solamente a salvar a hombres cultos, ¡vino a salvar a los pecadores! No solo a los blancos, sino a gentes con todos los tonos de piel bajo el sol. No solo a los jóvenes, ¡sino a personas de todas las edades!

¡Creamos esto y honremos a Jesús en medio de nosotros! Lo más importante sobre ti y Jesús es que puedes alcanzarle desde donde estés.

REFLEXIÓN PERSONAL

1. ¿Por qué la solución que ofrece el cristianismo es distinta a la que ofrecen otras religiones?

2. ¿Crees que los no cristianos reaccionarían de otra manera si entendieran que lo que ofrece el cristianismo es simplemente a Jesús?

10

LA OFRENDA

¿Cuánto más la sangre de Cristo, el cual mediante
el Espíritu eterno se ofreció a sí mismo sin
mancha a Dios, limpiará vuestras conciencias de
obras muertas para que sirváis al Dios vivo?

HEBREOS 9:14

Hoy día la palabra *pasión* significa "lascivia", pero allá en los primeros tiempos significaba "sufrimiento profundo, espantoso". Por eso al Viernes Santo lo llaman en inglés "*Passion Tide*" ("la marea de pasión"), y por eso hablamos de "la Pasión de Cristo". Se trata del sufrimiento que soportó Jesús cuando presentó su ofrenda sacerdotal de su propia sangre por nosotros.

Jesucristo es Dios, y todo lo que he dicho sobre Dios describe a Cristo. Son una sola persona. Ha adoptado la naturaleza de los hombres, pero Dios el Verbo eterno, que fue antes que el hombre y que lo creó, es un ser unitario, y no hay división alguna en su sustancia. De modo que el Santo padeció, y su sufrimiento en su propia sangre por nosotros tuvo tres cualidades: fue infinito, todopoderoso y perfecto.

Infinito significa ilimitado, sin orillas, sin fondo, sin límite superior y para toda la eternidad, sin ninguna medida ni limitación posible. Es decir, que el sufrimiento de Jesús y la expiación que alcanzó en la cruz bajo aquel cielo envuelto en tinieblas tuvieron un poder ilimitado.

No fue solo infinito, sino también todopoderoso. Es posible que las buenas personas "casi" hagan algo o sean "casi" algo. Este es el problema en que se meten las personas porque son personas. Pero el Dios Todopoderoso nunca es "casi" algo. Dios es siempre exactamente lo que es: es el Dios Todopoderoso. Isaac Watts dijo sobre su muerte en la cruz: "El Dios Creador murió por el pecado de la criatura humana". Y cuando Dios el Hacedor todopoderoso murió, esa expiación contenía todo el poder que existe. Nunca podemos exagerar la eficacia de la expiación; nunca podemos exagerar el poder de la cruz.

> **Nunca podemos exagerar la eficacia de la expiación; nunca podemos exagerar el poder de la cruz.**

Dios no es solo infinito y todopoderoso, sino también perfecto. La expiación en la sangre de Jesucristo es perfecta; no se le puede añadir nada. Es pura, impecable, sin mancha. Es tan perfecta como perfecto es Dios. De modo que la pregunta "Si eres justo, ¿cómo es que no destruyes a los impíos?" obtiene su respuesta en el efecto de la pasión de Cristo. El padecimiento santo en la cruz y la resurrección de los muertos cancela nuestros pecados y abroga nuestra sentencia.

¿Dónde y cómo recibimos esa sentencia? La recibimos debido a la aplicación de la justicia a una situación moral. Por muy agradable, refinado y encantador que pienses ser, tienes un problema moral; lo has tenido, lo tienes y lo tendrás. Y, cuando Dios se acercó a ti, su justicia se encontró con un problema moral y fuiste hallado falto: en ti Dios descubrió desigualdad, halló iniquidad.

Dado que Dios encontró iniquidad en tu vida, te condenó a muerte. Todo el mundo ha estado o está bajo sentencia de muerte. Me pregunto cómo la gente puede ser tan feliz estando condenada a muerte. "El alma que pecare, esa morirá" (Ezequiel 18:20). Cuando la justicia encuentra un problema moral en un hombre, una mujer, un joven o cualquiera moralmente responsable, o justifica o condena a esa persona. Así es como recibimos esa sentencia.

Déjame que señale que cuando Dios, en su justicia, sentencia a muerte al pecador, no está contradiciendo la misericordia divina; no contradice la bondad de Dios, ni tampoco su compasión o su piedad, porque todos estos son atributos de un Dios unitario, y no pueden contradecirse entre sí. Todos los atributos de Dios participan en la condena a muerte del ser humano. Los propios ángeles en los cielos claman diciendo: "Justo eres tú, oh Señor, el que eres y que eras, el Santo, porque has juzgado estas cosas… Ciertamente, Señor Dios Todopoderoso, tus juicios son verdaderos y justos" (Apocalipsis 16:5, 7).

En el cielo nunca encontrarás a un grupo de seres santos que tenga alguna queja con el modo en que Dios realiza su política exterior. El Dios Todopoderoso dirige su mundo, y toda criatura moral dice "Tus juicios son verdaderos y justos… Justicia y juicio son el cimiento de tu trono; misericordia y verdad van delante de tu rostro" (Apocalipsis 16:7; Salmos 89:14). Cuando Dios envía a un hombre a morir, en la sentencia concurren la misericordia, la piedad, la compasión, la sabiduría y el poder; todo lo que es inteligente en la persona de Dios coincide en la sentencia.

EL MOTIVO POR EL QUE MURIÓ CRISTO

¡Oh, el misterio y la maravilla de la expiación! El alma que aprovecha la expiación, que se entrega totalmente a esta, ve que su condición moral ha cambiado. ¡Dios no ha cambiado! Jesucristo no murió para cambiar a Dios; Jesucristo murió para solventar un problema moral. Cuando la justicia de Dios se encuentra con un pecador desprotegido, esa justicia le condena a morir. ¡Y todo lo que es Dios coincide en la sentencia! Pero cuando Cristo, que es Dios, fue al madero y murió allí padeciendo una agonía infinita, en medio de un temporal de sufrimientos, este gran Dios padeció más que los que habitan en el infierno. Padeció con la agonía de Dios, porque todo lo que hace Dios lo hace con todo lo que Él es. Amigo, cuando Dios sufrió por ti, lo hizo para cambiar tu condición moral.

> **El hombre que se arroja a los brazos de la misericordia divina ve cómo su condición moral cambia.**

El hombre que se arroja a los brazos de la misericordia divina ve cómo su condición moral cambia. Dios no dice: "Bueno, vamos a disculpar a este individuo. Ha tomado su decisión y lo perdonamos. Se ha metido en la sala de oración, así que vamos a disculparlo. Se va a unir a la iglesia, así que pasaremos por alto su pecado". ¡No! Cuando Dios contempla a un pecador que ha recibido la expiación, no ve el mismo problema moral que percibe cuando mira a un pecador que aún ama su pecado. Cuando Dios contempla a un pecador que sigue amando su pecado y rechaza el misterio de la expiación, la justicia le condena a muerte. Cuando Dios mira a un pecador que ha aceptado la sangre del pacto eterno, la justicia le sentencia a vivir. Y Dios es igual de justo haciendo ambas cosas.

Cuando Dios justifica a un pecador, todo lo que hay en Dios está de parte del pecador. Todos los atributos divinos están de parte del pecador. No es que la misericordia defienda al pecador y la justicia intente matarlo a golpes, como a veces dan la impresión algunos predicadores. Cuando Dios hace algo, involucra en ese acto todo lo que Él es. Cuando Dios mira a un pecador y ve que no ha recibido la expiación (porque no la quiere aceptar; cree que no la necesita), el problema moral es tan grande que la justicia dice que esa persona debe morir. Y, cuando Dios mira al pecador expiado, quien sabe por fe que ha sido expiado y lo ha aceptado, ¡la justicia dice que debe vivir! El pecador injusto no puede ir al cielo, igual que el pecador justificado no puede ir al infierno. ¡Oh, amigos! ¿Por qué estamos tan quietos? ¿Por qué estamos tan callados? ¡Deberíamos regocijarnos y dar gracias a Dios con todas nuestras fuerzas!

> Somos justificados por la fe porque la agonía de Dios en la cruz alteró el problema moral.

Lo diré de nuevo: la justicia está de parte del pecador que regresa. En 1 Juan 1:9 leemos: "Si confesamos nuestros pecados, él es fiel y justo para perdonar nuestros pecados, y limpiarnos de toda maldad". Ahora tenemos a la justicia de nuestro lado, porque el misterio de la agonía de Dios en la cruz ha cambiado nuestra situación moral, de modo que cuando ahora la justicia nos observa, ve igualdad, no desigualdad, y somos justificados. Esto es lo que significa la justificación.

¿Creo en la justificación por la fe? ¡Oh, hermano, claro que sí! David creía en esta justificación y la mencionó en el Salmo 32. Más tarde la citó uno de los profetas. Pablo la retomó y la incorporó en Gálatas y Romanos. Anduvo un tiempo olvidada y relegada al polvo y luego volvió a salir a la luz con Lutero y los moravos, los Wesley y los presbiterianos, que la enseñaron. "La justificación por la fe": este es nuestro fundamento hoy.

Cuando hablamos de la justificación, no es un mero pasaje que hay que manipular. Debemos ver cómo es Dios y entender por qué son ciertas estas cosas. Somos justificados por la fe porque la agonía de Dios en la cruz alteró el problema moral. Nosotros éramos ese problema moral, que no cambió a Dios en absoluto. La idea de que la cruz borró del rostro de Dios su mueca de rabia de modo que comenzase a sonreír a regañadientes es un concepto pagano, no cristiano.

Dios es uno. No solo existe un solo Dios, sino que ese Dios es unitario, uno consigo mismo, indivisible. La misericordia de Dios es simplemente Dios siendo misericordioso. La justicia de Dios no es más que Dios siendo justo. El amor de Dios es Dios que ama, y la compasión de Dios es Dios siendo compasivo. No es algo que salga de Dios, ¡sino algo que es Dios!

EL DIOS INMUTABLE

¿Cómo puede Dios ser justo y aun así justificar a un pecador? Hay una tercera respuesta. La compasión fluye de la bondad, pero la bondad sin justicia no es bondad. No es posible que seas bueno sin ser justo, y si Dios es bueno, tiene que ser justo. Cuando Dios castiga al malvado, es un acto de justicia, porque es coherente con lo que merece el malhechor. Pero cuando Dios perdona a un hombre malo, también actúa con justicia, porque es coherente con la naturaleza divina. Es decir, que tenemos a Dios Padre, Hijo y Espíritu Santo, que siempre actúan como Dios. Puede que tu esposa sea gruñona, que tu mejor amigo se muestre frío, que se libren guerras en el extranjero, pero Dios es siempre el mismo. Dios actúa siempre según sus atributos de amor, justicia y misericordia.

Dios actúa siempre, siempre, siempre, como Dios. ¿No te alegra no tener que entrar en el cielo colándote por una ventana del sótano? ¿No te alegra que no tendrás que acceder como lo hacen algunos predicadores, con títulos académicos, pagando veinticinco dólares a una fábrica de diplomas?

¿No te alegra que no tendrás que entrar en el cielo porque Dios se haya despistado? Dios está tan ocupado con su mundo que te cuelas en el cielo. ¡Y antes de que Dios se dé cuenta ya llevas mil años allí!

> La compasión fluye de la bondad, pero la bondad sin justicia no es bondad.

¿No estás contento de que no tendrás que entrar allí por el mero hecho de ser miembro de una iglesia? Dios dice: "Vale, esa iglesia está bastante bien. Vamos a dejarle entrar". Así que entras, pero luego Él descubre tus facetas nefastas ¡y a lo mejor te expulsa!

Hay una parábola sobre un hombre que se presentó a una boda sin el traje adecuado. Después de que hubiera entrado, preguntaron: "¿Cómo entraste aquí…?", y le echaron; le ataron de pies y manos y le echaron a las tinieblas de afuera (ver Mateo 22:11-13). En el rcino de Dios no pasará nada como esto, porque Dios, el omnisciente, sabe todo lo que se puede saber. Conoce a todo el mundo; te conoce a ti. Y Dios, el justo sin medida, nunca permitirá que allí se encuentre un hombre que no esté en condiciones. "¿Por qué camináis con dos piernas desiguales?", dijo Elías (paráfrasis de 1 Reyes 18:21). Eso es una iniquidad desigual. Y el hombre que es inicuo nunca entrará. ¡Nunca!

Toda esta charla barata sobre un San Pedro que nos hará pasar un examen para ver si estamos a la altura es absurdo. El gran Dios

Todopoderoso, siempre uno consigo mismo, analiza una situación moral y ve muerte o vida en esta. Y todo lo que es Dios está del lado de la muerte o de la vida. Si encuentra a un pecador inicuo, cuyo pecado no se ha expiado, que no está limpio ni protegido, solo hay una respuesta: todo Dios dice: "¡Muerte e infierno!". Y ni todo el cielo junto puede rescatar a esa persona.

No obstante, si el individuo se golpea el pecho y dice "Dios, sé propicio a mí, pecador" (Lucas 8:13), y acepta los beneficios de la agonía infinita de Dios en una cruz, Dios contempla su estado moral y dice "¡Vida!". Y ni todo el infierno en su conjunto puede condenar a esa persona. ¡Oh, la maravilla y el misterio y la gloria del ser de Dios!

REFLEXIÓN PERSONAL

1. ¿De qué manera afecta a tu entendimiento de tu pecado y del perdón de Dios saber que la muerte sacrificada de Cristo fue infinita, todopoderosa y perfecta?

2. ¿Por qué crees que tantas personas suponen que la muerte de Jesús en la cruz indujo a Dios a dejar de estar furioso y a amar? ¿Cómo nos ayuda Tozer a tener el concepto correcto de Dios en este sentido?

NUESTRO MEDIADOR

Y de la manera que está establecido para los
hombres que mueran una sola vez, y después
de esto el juicio, así también Cristo fue ofrecido
una sola vez para llevar los pecados de muchos;
y aparecerá por segunda vez, sin relación con
el pecado, para salvar a los que le esperan.

Hebreos 9:27-28

Me sorprende la cantidad de personas que no parecen saber que las Escrituras hablan de dos tipos de muerte. Creemos la Biblia cuando dice que la muerte física es la realidad a la que se enfrentan todas las personas que nacen en este mundo; pero también existe una condición muy evidente entre nosotros que se describe como muerte espiritual. Podemos trazar su origen al huerto del Edén y a la advertencia que hizo Dios a nuestros primeros padres: "De todo árbol del huerto podrás comer; mas del árbol de la ciencia del bien y del mal no comerás; porque el día que de él comieres, ciertamente morirás" (Génesis 2:16-17). Adán y Eva no hicieron caso de la advertencia; comieron del fruto prohibido y, aquel día que transgredieron la ley de Dios con desobediencia y por obstinación, murieron espiritualmente.

La muerte no es la aniquilación. La muerte no supone el cese de la existencia. La muerte es una relación modificada en una forma de existencia distinta.

Cuando Satanás, un ser creado por Dios, se rebeló con orgullo y desobediencia, dijo: "¡Me alzaré y pondré mi trono por encima del trono de Dios!". Justo entonces, Satanás murió, pero no dejó de existir. Dios le expulsó del cielo y de la comunión con Él. Lo arrojó a la tierra. Y, después de todos estos siglos, Satanás sigue por aquí. No fue aniquilado, y aún no se le ha sometido al juicio eterno.

Los hombres y las mujeres intentan ignorar el hecho de la muerte espiritual; las Escrituras no lo hacen. Pablo pronunció una frase memorable sobre este tema. Le dice a la mujer: "Pero la que se entrega a los placeres, viviendo está muerta" (1 Timoteo 5:6). No estaba muerta físicamente, pero espiritualmente estaba separada de Dios. Su forma de existencia era tal que no se relacionaba con Dios, sino que estaba separada de Él.

El apóstol también nos advierte de que la muerte es una de las temibles consecuencias del pecado. El pecado entró en el mundo y trajo consigo la muerte. "El alma que pecare, morirá"; esto es lo que declara la Biblia.

EL PECADO TERMINA AL MORIR

Otra de las cosas que vemos en el pasaje de las Escrituras hebreas que citamos antes es que Dios tiene una forma muy sencilla de tratar con el pecado. ¡Dios acaba con el pecado mediante la muerte! Viví en Chicago mientras estaban persiguiendo al famoso gánster y asesino John Dillinger. La policía había impreso carteles con advertencias sobre su conducta violenta con las armas. En las fotografías siempre lucía su sonrisa cínica, sarcástica. Pero la última foto indicaba que había dejado de pecar. Estaba tumbado de espaldas, con los pies apuntando al techo. Estaba cubierto con una sábana; Dillinger estaba muerto.

El pecado termina al morir. Cuando una persona muere, ya no pecará más. Esta es la manera que tiene Dios de acabar con el pecado: deja que la muerte le ponga punto final.

La Palabra de Dios deja claro que la vida a la que el pecado toca y ensucia es una vida perdida. El alma que peque, morirá. La maravilla que jamás comprenderemos plenamente es que Dios quisiera salvar nuestras vidas perdidas, de modo que permitió que la sangre del Salvador divino fuera ofrecida a favor de nosotros. Fíjate que debe haber una expiación por sangre, porque la sangre y la vida tienen una relación vital y misteriosa.

La sangre de Jesucristo tiene un valor infinito. El derramamiento de sangre indica la conclusión de la vida. Como se derramó la sangre de Jesucristo, el Hijo eterno, el Cordero de Dios, nuestros actos pecaminosos pueden ser perdonados.

Tenemos que conceder a esta verdad espiritual toda la reverencia y la contemplación que merece. ¿Hablamos con excesivo desenfado del precio de nuestra salvación? Confieso que me sobresalto un poco cuando escucho a alguien decir que Cristo pagó nuestra deuda, que nos compró. A veces hacemos que parezca una mera transacción comercial. Pero no me gusta pensar que Dios nos redime de la misma manera que nosotros redimimos a una vaca o a un caballo en una feria ganadera. Dentro del plan divino para nuestra redención no hay nada más elevado y santo, más dulce y hermoso.

En el Antiguo Testamento, los sacrificios y ofrendas, y la sangre vertida de los animales, eran eficaces dentro del simbolismo ceremonial. Pero la muerte de Jesucristo fue eficaz real y eternamente. (*Eficaz* es un término que les gusta usar a los teólogos; significa sencillamente "que funciona". Es efectivo, puedes estar seguro de ello). Cuando Jesús derramó su sangre en el Calvario, garantizó la redención eterna a todos los que pusieran su confianza en Él.

La sangre y la vida van juntas. Cuando la sangre se derramó, cuando murió Jesucristo el Hijo eterno, su muerte fue vicaria. (*Vicaria* es otra palabra que requiere cierta explicación. Un acto vicario es el que se realiza en beneficio de otra persona. Cuando Jesús murió en el Calvario, fue una muerte vicaria. Jesús murió a favor de todos nosotros, el único Justo por todos los culpables).

La muerte expiatoria, vicaria, de Jesucristo por la humanidad pecadora constituye el fundamento de la fe cristiana. Esta no es una enseñanza agradable para quienes piensan que pueden hallar un camino mejor que el de Dios, pero no hay ningún otro camino: Jesús es el único.

RECONCILIADOS CON DIOS

Si eres un cristiano de verdad, si tienes fe y gozo, nunca permitas que nadie te arrebate esa seguridad y esta consolación. No dejes que nadie modifique ni altere esta verdad básica, intentando hacerla más adaptable a la filosofía, la literatura, el arte o la religión. Deja que esta maravillosa verdad se alce en toda su hermosura y su eficacia. Cristo murió y, al entregar su vida, ¡su muerte fue vicaria!

En la muerte expiatoria de Cristo, la santidad y la justicia de Dios se han visto satisfechas. Dios ya no tiene nada contra nosotros, porque hemos venido a Él con fe. Hemos presentado como único mérito nuestro la muerte vicaria y eficaz de nuestro Señor y

Salvador. Además, dado que hemos creído, hemos visto cómo se rompía el poder de la muerte.

El escritor de la epístola a los Hebreos nos asegura que Jesús se ha convertido en el Mediador (el ejecutor) del nuevo pacto, el nuevo testamento en la gracia y en la misericordia de Dios. La palabra *mediador* procede del verbo "mediar". El mediador es quien está entre dos partes o dos facciones que necesitan reconciliarse.

> Por medio de la fe podemos ser restaurados a la familia de Dios.

La Biblia nos comunica lo lejos que está la humanidad pecadora del Dios santo. El pecado ha excavado un vasto abismo que separa ambas partes. Cristo se ha convertido en el Mediador. Al entregarse a la muerte, está entre Dios y los pecadores. Nos demuestra que mediante su muerte ha hecho efectivo el testamento de Dios, su voluntad.

Este contrato que ha aceptado Dios garantiza la reconciliación. ¡Estamos reconciliados con Dios! El nuevo testamento de Dios, lleno de gracia, su contrato, garantiza el perdón. Por medio de la fe podemos ser restaurados a la familia de Dios.

NOMBRADOS EN EL TESTAMENTO DE DIOS

Deja que comparta contigo otra observación cuyo concepto es sencillo pero que se vuelve profunda dentro de este contexto de nuestra herencia divina. Mientras vivió el Señor Jesús, el nuevo pacto de Dios y su voluntad para nosotros no se pudieron hacer efectivos. Entraron en vigor inmediatamente en el momento en que Cristo murió. La muerte del testador aportó de inmediato amnistía, perdón, limpieza, comunión y la promesa de la vida eterna.

Esta es la herencia generosa y permanente que, por fe, ha llegado hasta los hijos creyentes de Dios como resultado de la muerte en el Calvario de Jesús.

Deseo concluir señalando algo que le resultará extraño a cualquier ser humano mortal. Jamás ha habido un hombre que hiciera válido su testamento y luego volviera a la Tierra como ejecutor de este. Ni uno solo. Siempre es alguna otra persona la que actúa como ejecutora y administradora de la herencia que ha dejado quien murió.

Sin embargo, Jesucristo, el Hijo eterno de Dios, ha conseguido lo que no ha hecho ningún mortal. Ha conseguido este tipo de administración perpetua y de beneficencia divina. Jesús murió para activar los términos del testamento para con todos sus beneficiarios; Jesús se levantó en victoria de la tumba para administrar ese testamento.

¿No es hermoso? Jesús no entregó el testamento de Dios a otra persona para que lo gestionase. Él mismo se convirtió en el administrador. Muchas veces declaró: "Volveré. ¡Resucitaré al tercer día!". Regresó de entre los muertos. Resucitó al tercer día. Hoy vive para cumplir en beneficio de su pueblo todos los términos de su testamento.

Debemos seguir confiando en este Viviente que ahora es nuestro gran Sumo Sacerdote en los cielos. Dentro de la teología liberal no hay un solo argumento que tenga el poder de apartarnos de nuestra fe. Tenemos una esperanza viva en este mundo, y esta esperanza viva es igualmente válida para el mundo venidero.

¡Oh, sí!, debería decirte quiénes se mencionan exactamente en la nueva voluntad de Dios.

La respuesta es la invitación de Cristo: ¡Quien lo desee! "El que quiera, tome gratuitamente de este don". Amén.

REFLEXIÓN PERSONAL

1. ¿Por qué cuando ponemos nuestra confianza en Dios, Él ya no tiene en cuenta nuestros pecados?

2. ¿Qué piensas sobre la explicación que ofrece Tozer acerca de la seguridad que tenemos en el sacrificio redentor de Cristo?

3. ¿Cómo nos beneficiamos exactamente de la muerte de Cristo?

LA RESURRECCIÓN

Mas el ángel, respondiendo, dijo a las mujeres: No temáis
vosotras; porque yo sé que buscáis a Jesús, el que fue
crucificado. No está aquí, pues ha resucitado, como dijo.
Venid, ved el lugar donde fue puesto el Señor. E id pronto
y decid a sus discípulos que ha resucitado de los muertos,
y he aquí va delante de vosotros a Galilea; allí le veréis.

Mateo 28:5-7

Cualquier iglesia cristiana que mire atrás a la crucifixión solo para derramar lágrimas de pena, y que no siga avanzando con la vida bendita del Cristo resucitado, no practica más que "un tipo de religión basado en la lástima".

Y debo coincidir con uno de los antiguos escritores cristianos cuando dijo: "¡No lo puedo soportar!", es decir, "¡No tolero este tipo de religión basado en la lástima!".

El auténtico poder espiritual no radica en la cruz antigua, sino más bien en la victoria del Señor de gloria poderoso y resucitado, que después de despojar a la muerte pudo decir: "Toda potestad me es dada en el cielo y en la tierra" (Mateo 28:18).

Hermanos en Cristo, tengamos confianza en que nuestro poder no radica en el pesebre de Belén ni en las reliquias de la cruz.

¡El poder del creyente radica en el triunfo de la gloria eterna!

El Hombre que murió en la cruz murió en debilidad. La Biblia es muy clara cuando nos dice esto; pero luego resucitó con poder. Si olvidamos o negamos la verdad y la gloria de su resurrección y el hecho de que está sentado a la diestra de Dios, ¡perdemos toda la importancia que tiene el significado del cristianismo!

UN CAMBIO DE RUMBO

La resurrección de Jesucristo produjo un increíble cambio de rumbo. Resulta interesante a la par que provechoso examinar la dirección en que apuntan las preposiciones que figuran en el relato de Mateo sobre la mañana de la resurrección.

Primero, las mujeres acudieron a la tumba.

Vinieron conmovidas por el amor, pero también presas de la tristeza y del temor, y vinieron a hacer duelo. Esta era la dirección de su religión antes de enterarse de que Jesús había resucitado de los muertos. Su dirección apuntaba a la tumba, el sepulcro donde reposaba el cuerpo de Jesús.

Muchos también miran en dirección a la tumba, conociendo solamente la tristeza y el lamento, la incertidumbre y el miedo a la muerte que están a nuestro alrededor.

Sin embargo, en aquel día histórico de la resurrección, aquellas mujeres fieles experimentaron un dramático cambio de rumbo.

Escucharon las noticias angélicas y vieron la evidencia: "No está aquí, pues ha resucitado, como dijo" (Mateo 28:6). La piedra colosal se había retirado a un lado, y ellas mismas pudieron ver el vacío absoluto del sepulcro.

"¡Vayan rápido, y cuéntenlo a sus discípulos!".

Así que el relato nos dice que se marcharon apresuradamente de la tumba.

¡Qué increíble cambio de rumbo! ¡Qué cambio el producido por las noticias gozosas!

La preposición ahora es *desde* la tumba en lugar de *hacia* la tumba. De repente la dirección se aleja del sepulcro, porque la tumba estaba vacía y desprovista de su poder milenario.

Súbitamente, el rumbo ya no conduce hacia el final, porque, con Jesús resucitado de los muertos y a punto de ser glorificado a la diestra del Padre, la dirección cambió hacia la infinitud, ¡la eternidad de la vida y la victoria para siempre!

Si este no es el mensaje y el sentido de la Semana Santa, la Iglesia cristiana se ve envuelta en un festival vacío cada año, centrada en la viveza de los colores y la fragancia de las flores, así como en los dulces sentimientos fruto de la poesía y la primavera.

La Iglesia cristiana debería tener sus prioridades en el orden correcto.

> **La verdadera iglesia de Jesucristo se fundamenta necesariamente sobre la creencia y la certeza de que la resurrección tuvo lugar.**

La Semana Santa no consiste solo en unos días determinados en la agenda de la Iglesia, algo que hay que celebrar cada año como un fin en sí mismo, algo que empezó en un momento temprano del primer día de la semana y acabó a la medianoche.

La mañana de la resurrección fue solo el principio de un proceso grande e impresionante que no concluirá hasta que nuestro Señor Jesucristo vuelva.

La realidad de la Semana Santa, de la resurrección y de la gran comisión del Cristo resucitado y ascendido es la realidad de la gran prioridad misionera de la Iglesia cristiana en medio del mundo actual.

La resurrección de Cristo y el hecho de la tumba vacía no forman parte de las complejas y constantes mitologías del mundo. No hablamos de un cuento sobre Santa Claus; es historia y es una realidad.

La Iglesia cristiana está indefensa y carece de esperanza si se la priva de la realidad y de la historicidad de la resurrección corporal de Jesucristo. La verdadera iglesia de Jesucristo se fundamenta necesariamente sobre la creencia y la certeza de que la resurrección tuvo lugar. Se produjo una muerte real, hubo una tumba auténtica, y también una piedra de verdad. Pero, gracias a Dios, hubo un Padre soberano en el cielo, y un ángel a quien enviaron para apartar la piedra, y un Salvador vivo con un cuerpo resucitado y glorificado que pudo proclamar a sus discípulos: "Toda potestad me es dada en el cielo y en la tierra".

Dado que esta es nuestra promesa y nuestra esperanza, no hay motivo para que ninguno de nosotros esté reclamando constantemente piedad por el Señor Jesucristo.

La iglesia disfruta de demasiadas oportunidades radiantes y atractivas como para ocuparse de esto: "Arrodillémonos junto a la cruz para llorar un rato".

Es un error que nos unamos a aquellos que parecen pensar que nuestro Señor fue un mártir, una víctima de su propio celo, un hombre pobre y digno de compasión que tuvo buenas intenciones, pero a quien el mundo le resultó demasiado grande y la vida demasiado dura. Muchos siguen describiéndolo como alguien que se hundió en la indefensión que es fruto de la muerte.

¿Por qué deberíamos los miembros de su Iglesia andar por ahí vestidos de luto y seguir lamentándonos frente a la tumba, cuando el relato nos dice claramente que resucitó de los muertos para demostrar su afirmación "Toda potestad me es dada en el cielo y en la tierra?".

DÓNDE RADICA EL PODER

Hermanos, Él murió por nosotros, pero desde la hora de la resurrección ha sido el Jesús poderoso, el Cristo poderoso, ¡el Señor poderoso!

El poder no radica en un bebé en un pesebre.

El poder no radica en un hombre clavado en una cruz e indefenso.

El poder radica en el hombre en aquella cruz, que entregó su vida, que fue a la tumba y que resucitó y regresó al tercer día, para ascender luego a la diestra del Padre.

Ahí es donde se encuentra el poder.

Nuestra misión no consiste en lamentarnos y llorar junto a la tumba.

Nuestra misión consiste en dar gracias a Dios, con reverencia y lágrimas, porque estuvo dispuesto a ir una vez a la tumba. Nuestra misión consiste en dar gracias a Dios por hacernos comprender lo que significó aquella cruz y entender lo que supuso la resurrección tanto para Dios como para los hombres.

¿Entendemos de verdad la resurrección, en el sentido de que puso una corona de gloria sobre todos los sufrimientos de Cristo?

¿Somos conscientes de la plena importancia del hecho de que nuestro Señor Jesucristo esté hoy sentado a la diestra del Padre, sentado en absoluta majestad y poder dignos de un rey, soberano sobre todas las potestades en los cielos y en la Tierra?

Siempre hay alguien que dice cosas como: "Pero, Sr. Tozer, ¿cómo puede respaldar esas grandes afirmaciones? Si Cristo es soberano sobre el mundo entero, ¿qué me dice del estado en que se encuentra el mundo? ¿Qué decir sobre Rusia y su propagación del comunismo? ¿Y de las bombas atómicas y de hidrógeno y el peligro que se cierne sobre nosotros? Si Él es soberano, ¿por qué existe la imparable carrera armamentística? ¿Por qué la situación en Oriente Medio sigue afectando al mundo entero?".

Hay una respuesta, que es la de las Escrituras proféticas.

Dios tiene un plan profético en sus tratos con el mundo, sus naciones y sus gobiernos.

El plan de Dios seguirá basándose en el programa divino. Su plan siempre ha exigido el regreso de Israel a Palestina. Las naciones del mundo se están colocando en posición por todo el planeta, casi como si este fuera un gigantesco tablero de ajedrez, mientras Dios espera la consumación.

> Nuestra misión no consiste en lamentarnos y llorar junto a la tumba... [sino] en dar gracias a Dios, con reverencia y lágrimas, porque estuvo dispuesto a ir una vez a la tumba.

Mientras Israel se reúne y el rey del norte se derrota a sí mismo, la Iglesia cristiana ora y actúa para evangelizar el mundo para el Salvador.

Cristo espera… a pesar de que tiene todo el poder. Espera para ejercer su poder absoluto.

Manifiesta su poder de numerosas maneras en la vida y en los ministerios de su Iglesia.

Creo que si su Iglesia creyera de verdad que Él puede usar su poder y quiere hacerlo, ¡el Señor usaría su poder ilimitado!

Cuando Jesús anunció que "toda potestad me es dada en el cielo y en la tierra", ¿qué esperaba que hicieran sus seguidores? ¿Cuáles son las consecuencias para todos los que formamos el Cuerpo de Cristo?

La respuesta está clara: Jesús dijo: "¡Por tanto, vayan!".

Por tanto son las palabras que lo cohesionan todo. Cristo ha recibido todo el poder; por tanto, debemos ir y evangelizar, discipulando a todas las naciones. Todas las implicaciones de la resurrección se centran en el hecho de que la Iglesia cristiana debe ser una iglesia misionera si desea satisfacer las expectativas del Salvador resucitado.

Dado que vive para siempre, Jesús pudo prometer, dentro del mismo contexto de su mandamiento, que estaría con nosotros siempre, hasta el fin del mundo o de la edad.

En muchos hogares cristianos se han visto cuadros y frases que decían: "He aquí yo estoy con vosotros todos los días, hasta el fin del mundo" (Mateo 28:20). Pero esto es solo una cita parcial, e ignora ciertas implicaciones.

Ya sabes lo hábiles que somos para tomar el bisturí de la mala enseñanza y extirpar un pasaje breve del contexto, igual que pelamos la cáscara de una naranja. Pelamos la promesa y la metemos en nuestras citas y calendarios.

Seamos sinceros y dejemos que nuestro Señor nos diga exactamente lo que nos quiere decir.

> **Todas las implicaciones de la resurrección se centran en el hecho de que la Iglesia cristiana debe ser una iglesia misionera si desea satisfacer las expectativas del Salvador resucitado.**

¿De verdad lo que dijo fue "He aquí yo estoy con vosotros siempre"?

No exactamente, hermano.

En realidad dijo: "Por tanto, id, y haced discípulos a todas las naciones, bautizándolos en el nombre del Padre, y del Hijo, y del Espíritu Santo; enseñándoles que guarden todas las cosas que os he mandado; y he aquí yo estoy con vosotros todos los días, hasta el fin del mundo" (Mateo 28:19-20).

Esa pequeña conjunción, *y*, no está ahí por casualidad. Jesús dijo literalmente que su presencia estaba prometida y garantizada en la Iglesia cristiana si esta seguía siendo fiel en sus responsabilidades misioneras.

Por eso digo que la resurrección de Jesucristo supone algo más que convertirnos en los participantes más felices de la Semana Santa.

¿Es que tengo que escuchar una cantata, y unir mi voz diciendo: "De la tumba resucitó", aspirar el aroma de las flores, irme a mi casa y olvidarlo todo?

¡No, por supuesto que no!

DEMOSTRANDO LA RESURRECCIÓN

Esto es una verdad y una promesa que tiene una aplicación moral concreta. Sin duda, la resurrección nos aborda con toda la autoridad de una obligación soberana.

Dice que la Iglesia cristiana debe ir por todo el mundo alcanzando a todas las naciones y enseñándolas, o, como dice también el texto, "haciendo discípulos a todas las naciones".

Es decir, que la obligación moral de la resurrección de Cristo es la obligación misionera, la responsabilidad y el privilegio de transmitir el mensaje y contar la historia, de orar e interceder, y de participar personal y económicamente en la causa de esta gran comisión.

Me he preguntado muchas veces por qué los creyentes cristianos que profesan su fe pueden relegar este gran imperativo misionero de nuestro Señor Jesucristo a los márgenes de nuestra causa cristiana.

No logro seguir el razonamiento de quienes enseñan que la comisión misionera que enseñó Jesucristo no pertenece a la Iglesia, sino que se llevará a cabo durante los grandes días de la tribulación que se enfatizan en la profecía bíblica.

No quiero ceder a la táctica engañosa y primordial del diablo que hace que tantos cristianos se satisfagan con la celebración del Domingo de Resurrección en lugar de experimentar el poder de esa resurrección del Señor. El enemigo de nuestras almas se alegra cuando los cristianos celebran a lo grande ese día, poniendo el énfasis en las flores y los cánticos, y los predicadores usan su voz melodiosa y sus técnicas lacrimógenas refiriéndose a Jesús como el mayor de todos los héroes de este mundo.

El diablo está dispuesto a aceptar todos esos rituales siempre que las iglesias se priven de contar toda la verdad sobre la resurrección de Cristo.

El razonamiento del diablo es: "No tengo inconveniente en que conviertan a Jesús en un gran héroe, pero no quiero que recuerden ni por un segundo que Él ahora está sentado en el lugar del poder, y que yo soy en realidad un pobre fugitivo asustado".

Y su misión consiste en conseguir que los cristianos se sigan lamentando y llorando movidos por la piedad junto al madero, en lugar de demostrar que Jesucristo ha resucitado de verdad, y que está a la diestra del Padre en la gloria, y tiene el derecho y la autoridad para enviar al demonio al infierno cuando llegue el momento, encadenándole y haciéndole caer conforme al plan profético revelado por Dios.

Él nos dará el poder siempre que creamos en su promesa y manifestemos la realidad de su resurrección.

El diablo hará casi cualquier cosa para impedir que creamos que la muerte ya no tiene más dominio, para que confiemos en esta promesa y dudemos de que Jesucristo ha recibido toda autoridad en los cielos y en la tierra y en el infierno, de los que tiene las llaves.

¿Cuándo se levantará la Iglesia cristiana y pasará a la ofensiva por el Salvador resucitado y ascendido?

Cuando lleguemos a conocer el pleno significado de la cruz y experimentemos el sentido y el poder de la resurrección en nuestras propias vidas; ahí está la respuesta. Por medio del poder de la resurrección de Jesucristo tomaremos la ofensiva espiritual; nos convertiremos en los atacantes y nuestro testimonio se convertirá en la fuerza positiva que nos llevará a alcanzar los confines del mundo con el evangelio.

Podemos resumirlo todo diciendo que Jesucristo solo nos pide que nos sometamos a su señorío y obedezcamos sus mandamientos. Él nos dará el poder siempre que creamos en su promesa y manifestemos la realidad de su resurrección.

Estas promesas de Cristo arrebatan todo esfuerzo y toda presión de nuestra responsabilidad misionera. Cuando el Espíritu de Dios habla a nuestros jóvenes y trata con ellos de su responsabilidad misionera, Cristo les garantiza su presencia y su poder cuando ellos se preparan para cumplirla.

"Toda potestad me es dada. Ya no estoy en el sepulcro. Puedo protegerte con poder y con autoridad. Puedo respaldarte, puedo ir delante de ti, puedo darte eficacia en tu testimonio y en tu ministerio. Por tanto, ve y haz discípulos a todas las naciones, y yo iré contigo. Nunca te dejaré ni te desampararé".

Los hombres sin Dios padecen solos y mueren solos en épocas de guerra y en otras circunstancias de la vida. ¡Totalmente solos!

Pero nunca se puede decir que un auténtico soldado de la cruz de Jesucristo, ningún hombre o mujer, en calidad de misionero o de mensajero de la verdad, haya ido jamás solo al ministerio.

Ha habido muchos mártires cristianos, pero ni uno de ellos estuvo solo en el campo de misión. Ningún misionero que haya entregado su vida en la selva ha estado solo, porque Jesucristo mantiene su promesa de tomarle de la mano y guiarle en triunfo al mundo más allá.

¿Lo ves, amigo? La resurrección no es un día de celebración, ¡es una obligación entendida y aceptada!

Dado que Jesucristo está vivo, hay algo que nosotros debemos hacer por Él todos los días. No podemos limitarnos a estar quietos, acomodándonos a la apatía religiosa.

Podemos atrevernos a confiar plenamente en el Resucitado que dijo "Toda potestad me es dada en el cielo y en la tierra… por tanto, id… he aquí, yo estoy con vosotros todos los días, hasta el fin del mundo".

REFLEXIÓN PERSONAL

1. ¿Cómo sería tu vida si fueras más consciente del poder de la resurrección de Cristo?

2. ¿Te has planteado alguna vez que la misión cristiana está vinculada con la resurrección? ¿Cómo influye este conocimiento en tu manera de vivir cada día?

3. ¿Qué aspecto adopta en tu propia vida manifestar la realidad de la resurrección?

EL SEÑOR ASCENDIDO

Y habiendo dicho estas cosas, viéndolo ellos, fue
alzado, y le recibió una nube que le ocultó de sus ojos.

HECHOS 1:9

Nuestro perdón y nuestra limpieza gracias al sacrificio de Jesucristo, de una vez y para siempre, solo constituyen una parte de las buenas noticias. Jesús murió, pero resucitó de los muertos. Y después de su resurrección ascendió para sentarse a la diestra de la Majestad en los cielos. En una era de moralidad en declive y de rebelión abierta contra Dios y contra su Ungido, podemos hallar un gran consuelo en esta revelación de que su presencia majestuosa y dominante reside en la gloria.

La Majestad llena el salón del trono celestial. Los ángeles, los arcángeles, los serafines y los querubines prosiguen con su alabanza celestial de "Santo, santo, santo, es el Señor Dios Todopoderoso". Esto no es un concepto distante propio de una secta minoritaria; sale directamente de la Palabra de Dios. Jesús, "habiendo efectuado la purificación de nuestros pecados por medio de sí mismo, se sentó a la diestra de la Majestad en las alturas" (Hebreos 1:3). Jesús recuperó la posición que había ocupado durante las largas, largas eras pasadas.

UN AUTÉNTICO HOMBRE EN EL CIELO

Un comprometido obrero cristiano y entregado estudioso de la Biblia, con quien he mantenido correspondencia, lamenta el hecho de que nuestra predicación y enseñanza cristianas no identifiquen con mayor claridad al Jesús resucitado y ascendido como Hombre. Ha preguntado a predicadores y maestros cristianos, muchos de ellos famosos: "¿Creen que Jesucristo, sentado ahora a la diestra de Dios, es un hombre, o bien es algún otro tipo de ser?". Supuestamente, muy pocos de estos líderes cristianos creen que Jesús sea ahora un hombre glorificado. Creen que Jesús fue hombre mientras estuvo en la Tierra, pero tienden a pensar que ahora es un espíritu.

Después de la resurrección de Jesús de entre los muertos, se apareció a sus discípulos. Invitó a Tomás a palpar las heridas de su carne. ¡Qué significado bendito contienen las palabras que dijo a los discípulos temerosos!: "Mirad mis manos y mis pies, que yo mismo soy; palpad, y ved; porque un espíritu no tiene carne ni huesos, como veis que yo tengo" (Lucas 24:39).

> Jesús... es un hombre victorioso... y, si estamos en Él, nosotros también podemos serlo.

Tanto si los hombres y las mujeres modernos están de acuerdo sobre la exaltación del hombre Cristo Jesús como si no, los que estamos en la familia de Dios hemos escuchado sus palabras y conocemos el testimonio del Nuevo Testamento: "A este Jesús resucitó Dios, de lo cual todos nosotros somos testigos. Así que, exaltado por la diestra de Dios, y habiendo recibido del Padre la promesa del Espíritu Santo, ha derramado esto que vosotros veis y oís" (Hechos 2:32-33).

El apóstol Pablo dijo a Timoteo: "Porque hay un solo Dios, y un solo mediador entre Dios y los hombres, Jesucristo hombre, el cual se dio a sí mismo en rescate por todos, de lo cual se dio testimonio a su debido tiempo" (1 Timoteo 2:5-6). Esto debería considerarse una gran victoria entre los cristianos de nuestros tiempos: Jesús es un hombre, y está entronizado a la diestra de Dios. ¡Eso es importante!

UNIDOS A JESÚS

No se nos dice que Jesús sea el Dios victorioso: Dios siempre es victorioso. ¿Cómo podría ser que el Dios soberano fuera algo menos que victorioso? Más bien adoptamos la misma postura que aquellos primeros cristianos que entendían que Jesús era un hombre en el cielo. Es un hombre victorioso y, si estamos en Él, nosotros también podemos serlo.

Por medio del nuevo nacimiento, el milagro de la regeneración, hemos sido trasladados por fe al reino de Dios. Como cristianos, debemos reconocer que nuestra naturaleza se ha unido a la de Dios en el misterio de la encarnación. Jesús ha hecho todo lo que podía para hacer entender a su pueblo incrédulo que ocupamos el mismo lugar en el corazón de Dios que Él mismo ocupa. Es así no porque seamos dignos de ello, sino porque Él es digno y es la cabeza de la Iglesia. Es el Hombre representante delante de Dios, quien nos representa.

Jesús es el hombre modelo, y su ejemplo debe marcar nuestra fe y nuestra comunión cristianas. Por eso no nos dejará solos. Está decidido a que tengamos ojos para ver algo más que este mundo que nos rodea. Está decidido a que tengamos los ojos de la fe para ver a Dios en el reino de los cielos, y a Él mismo (nuestro Hombre en la gloria) sentado allí, ¡teniendo el control en victoria!

CREER CADA VERDAD

Aun a riesgo de parecer bastante repetitivo, quiero insistir otra vez en que los cristianos tengamos en cuenta nuestros énfasis doctrinales.

Si queremos conocer el poder de la verdad, debemos subrayarla. La verdad de los credos es como el carbón, que yace inerte en las profundidades de la tierra, esperando a que alguien lo libere. Extráelo, métclo en la cámara de combustión de algún motor enorme, y la poderosa energía que estuvo dormida durante siglos generará luz y calor, haciendo que la maquinaria de una gran fábrica se ponga en marcha y sea productiva. La teoría del carbón jamás hizo girar una rueda ni calentó una chimenea. Para que el poder sea eficaz, hay que liberarlo.

> **Cristo nació para convertirse en hombre, y se convirtió en un hombre para entregar su vida en rescate por muchos.**

Podemos distinguir tres momentos principales en la obra redentora de Cristo: su nacimiento, su muerte y su posterior elevación a la diestra de Dios. Estos son los tres pilares principales que sostienen el templo de la cristiandad; sobre ellos descansan todas las esperanzas de la humanidad, de un mundo sin final. Todo lo demás que Él hizo extrae su significado de estos tres actos divinos.

Es imperativo que creamos todas estas verdades, pero la gran pregunta es dónde ponemos el énfasis. ¿Qué verdad deberíamos subrayar más en un determinado momento?

Se nos exhorta a mirar a Jesús, pero ¿adónde miraremos? ¿A Jesús en el pesebre? ¿En la cruz? ¿En el trono? Estas preguntas no son nada académicas; obtener la respuesta correcta tiene una tremenda importancia práctica.

Por supuesto, en nuestro credo total debemos incluir el pesebre, la cruz y el trono. Ante los ojos de la fe tiene que presentarse todo lo que simbolizan estos tres objetos; todo lo que es necesario para comprender bien el evangelio cristiano. No debemos abandonar ni descuidar ningún punto de nuestro credo, porque cada punto está unido a los demás por un vínculo vivo. Pero, aunque debemos considerar inviolable toda la verdad en todo momento, no siempre debemos enfatizar con igual intensidad una verdad por encima de otra. Nuestro Señor nos indicó esto cuando habló del mayordomo fiel y sabio, que daba al hogar de su señor "su ración a su tiempo" (Lucas 12:42).

María tomó a su Hijo unigénito y lo envolvió en pañales, depositándolo en un pesebre. Acudieron sabios a adorarle, los pastores estaban maravillados y los ángeles cantaron sobre la paz y la buena voluntad para con los hombres. Tomada en su conjunto, esta escena es tan castamente hermosa, tan atrayente, tan tierna, que en toda la literatura de este mundo no se le puede encontrar un igual. No es difícil entender por qué los cristianos han tendido a enfatizar el pesebre, a la virgen de ojos dulces y al niño Jesús. En determinados círculos cristianos se hace recaer el mayor énfasis sobre el niño en el pesebre. Es comprensible que sea así, pero, a pesar de todo, el énfasis es indebido.

Cristo nació para convertirse en hombre, y se convirtió en un hombre para entregar su vida en rescate por muchos. Ni el nacimiento ni la muerte fueron fines en sí mismos. Igual que nació para morir, murió para expiar, y resucitó para poder justificar gratuitamente a todos los que se refugian en Él. Su nacimiento y su muerte son historia. Su aparición en el propiciatorio no es historia pasada, sino un hecho presente y constante, y para el cristiano instruido es el hecho más glorioso que pueda albergar su corazón confiado…

MIRANDO AL LUGAR DONDE ESTÁ CRISTO

Recordemos que la debilidad radica en el pesebre, la muerte reina en la cruz, y el poder reside en el trono. Nuestro Cristo no está en un pesebre. En realidad, la teología del Nuevo Testamento no presenta nunca al niño Jesús como objeto de la fe salvadora. El evangelio que se detiene en el pesebre es otro evangelio, no son buenas noticias.

La iglesia que sigue congregándose en torno al pesebre no puede por menos que ser débil y emocional, y confundir el sentimentalismo con el poder del Espíritu Santo.

Ahora no hay ningún bebé en un pesebre en Belén, de modo que no hay ningún hombre en la cruz de Jerusalén. Adorar al bebé en el pesebre o al hombre en la cruz supone invertir los procesos redentores de Dios y retroceder en el plan de sus propósitos eternos. Hagamos que la iglesia ponga su mayor énfasis sobre la cruz y solo obtendremos pesimismo, tristeza y remordimientos infructuosos. Si un enfermo muere aferrando un crucifijo, ¿qué tenemos ahí? Dos muertos en una cama, incapaces de ayudarse mutuamente.

La gloria de la fe cristiana es que el Cristo que murió por nuestros pecados resucitó para nuestra reconciliación. Debemos recordar alegremente su nacimiento y meditar agradecidos sobre su muerte, pero el remate de todas nuestras esperanzas se encuentra con Él a la diestra del Padre.

Pablo se gloriaba en la cruz, y se negaba a predicar otra cosa que a Cristo y a este crucificado, pero para él la cruz representaba toda la obra redentora de Cristo. En sus epístolas, Pablo escribe sobre la encarnación y la crucifixión, pero no se detiene en el pesebre o en la cruz, sino que constantemente centra nuestros pensamientos en la resurrección y en un punto más elevado: la ascensión y el trono.

"Toda potestad me es dada en el cielo y en la tierra" (Mateo 28:18), dijo nuestro Señor resucitado antes de volver a los cielos, y los primeros cristianos le creyeron y se dispusieron a compartir Su triunfo. "Y con gran poder los apóstoles daban testimonio de la resurrección del Señor Jesús, y abundante gracia era sobre todos ellos" (Hechos 4:33).

Si la iglesia trasladara su énfasis, alejándolo de la debilidad del pesebre y de la muerte en la cruz, y centrándolo en la vida y en el poder del Cristo entronizado, quizá recuperase su gloria perdida. Vale la pena intentarlo.

REFLEXIÓN PERSONAL

1. ¿Por qué es importante que Jesús, como ser humano real, esté presente en el cielo?

2. La descripción que hace Tozer de Jesús en este capítulo, ¿cómo modifica tu percepción de quién es Él y qué hace?

3. Si todas nuestras esperanzas se basan en tres pilares principales, ¿qué tipo de esperanza nos proporciona el momento de la ascensión de Cristo a los cielos?

4. ¿Crees que es necesario que cambie tu forma de pensar en Cristo y en su ministerio?

14

NUESTRO SUMO SACERDOTE

Por tanto, teniendo un gran sumo sacerdote
que traspasó los cielos, Jesús el Hijo de
Dios, retengamos nuestra profesión.

Hebreos 4:14

Dios nunca pretendió que un sacerdocio privilegiado formado por hombres pecadores, imperfectos, intentara, tras la muerte y la resurrección triunfante de nuestro Señor Jesucristo, reparar el velo y proseguir con su cargo como mediadores entre Dios y los hombres. La epístola a los Hebreos deja muy claro este hecho. Cuando Jesús resucitó de los muertos, el sacerdocio levítico, que había ministrado a Israel durante el antiguo pacto, se volvió innecesario.

El plan superior de Dios para un Sumo Sacerdote eterno y un Mediador sin pecado también queda evidente en la epístola a los Hebreos. Jesús glorificado a la diestra de la majestad en las alturas, en los cielos, es nuestro Sumo Sacerdote para siempre. Su sacerdocio no es conforme al orden de Aarón y de Leví, sino conforme al sacerdocio perdurable de Melquisedec.

En el mensaje de Hebreos hallamos elementos destacados respecto al pacto superior, el mejor sacerdocio y la mejor esperanza que dependen de la obra consumada de Jesucristo por la humanidad perdida. Leemos:

> Jesús… hecho sumo sacerdote para siempre según el orden de Melquisedec… Porque cambiado el sacerdocio, necesario es que haya también cambio de ley… Queda, pues, abrogado el mandamiento anterior a causa de su debilidad e ineficacia (pues nada perfeccionó la ley), y de la introducción de una mejor esperanza, por la cual nos acercamos a Dios… Porque si aquel primero hubiera sido sin defecto, ciertamente no se hubiera procurado lugar para el segundo (Hebreos 6:20; 7:12, 18-19; 8:7).

Mucho antes de la época de Moisés y Aarón y los hijos de Leví, el relato del Génesis destaca la aparición de una personalidad misteriosa pero atractiva: Melquisedec. Este era el rey de Salem, y sacerdote del Dios altísimo. Cuando Abraham regresó de rescatar a su sobrino Lot, Melquisedec lo recibió y lo bendijo. Entonces Abraham dio a Melquisedec los diezmos de todos los bienes que había recuperado (Génesis 14:17-20).

La aparición de Melquisedec en Génesis es breve y no tiene explicación dentro de la historia del Antiguo Testamento. El escritor de Hebreos nos ofrece más información. Cuando comenta que Melquisedec era alguien "sin padre, sin madre, sin genealogía; que ni tiene principio de días, ni fin de vida" (Hebreos 7:3), el escritor simplemente nos dice que Melquisedec no tenía "árbol genealógico", ningún registro genealógico por medio del cual seguir la pista a sus orígenes. En resumen, no sabemos de dónde había salido.

A Melquisedec no se le vuelve a mencionar hasta el Salmo 110. Allí se le menciona como el tipo de un sacerdote de Dios para siempre, que aún no había aparecido en el desarrollo de Israel como nación.

Los judíos eran muy meticulosos con la genealogía. Cada hijo o hija de Israel podía seguir su genealogía hasta llegar a Abraham. Es bastante evidente que las generaciones israelitas posteriores no supieron entender las referencias a Melquisedec, un sacerdote cuyo linaje no pudieron establecer.

El motivo por el que los judíos protegían con tanto celo su linaje, preservándolo en tablas de piedra, se relacionaba con su esperanza en la venida del Mesías. Conocían las profecías. Cuando el Mesías apareciera por fin, tendría que demostrar su árbol genealógico desde Abraham hasta sus propios padres, pasando antes por el rey David.

Cuando Jesús resucitó de los muertos, el sacerdocio levítico, que había ministrado a Israel durante el antiguo pacto, se volvió innecesario.

En su Evangelio del Nuevo Testamento, Mateo siguió la costumbre judía, esforzándose por presentar a sus lectores un registro completo de la genealogía de Jesucristo. Empieza con Abraham, Isaac y Jacob, hace pasar el linaje por David y Salomón hasta llegar a otro Jacob, concluyendo con "José, marido de María, de la cual nació Jesús, llamado el Cristo" (Mateo 1:16).

A la vista de la importancia atribuida a los registros judíos del linaje, es significativo que todos esos registros cuidadosamente transmitidos se perdieran en la destrucción de Jerusalén a manos de los romanos en el año 70 d.C.; esto es lo que opinan los historiadores. Jesús había venido como Redentor y como Mesías. Israel le rechazó, crucificándole. Pero no podía haber otro. Nadie más podía proporcionar una prueba necesaria de su descendencia desde Abraham y David. Jesús, el Hijo resucitado y ascendido de Dios, era y es la última esperanza de Israel.

UN SACERDOCIO INFINITAMENTE MEJOR

Cuando nos planteamos las lecciones contenidas en esta sección de Hebreos, debemos estar dispuestos a reflexionar a fondo. Vivimos en una generación que lo quiere todo condensado y predigerido. Pero aquí tenemos que pensar intensamente y, al final, el entendimiento que hallaremos bien valdrá el esfuerzo que le dediquemos.

En esta parte de su epístola, el escritor se dispone a dejar tres cosas muy claras a los cristianos hebreos de su época. Primero, declara que Dios no estableció la ley mosaica y el sacerdocio levítico como instituciones permanentes y perfectas. Segundo, deja claro que el Hijo eterno y sin pecado vino a garantizar a los creyentes su sacerdocio superior y eterno, confirmado por su glorificación a la diestra de Dios. Tercero, quiere que sus lectores sepan que el plan de salvación para hombres y mujeres pecadores no depende de las ofrendas y sacrificios hechos por los sacerdotes levíticos, sino del sacrificio eterno y de la mediación como sumo sacerdote de Jesús, el Hijo eterno, que también estuvo dispuesto a ser el Cordero de Dios sacrificado.

Las comparaciones que se hacen en esta epístola indican que las estipulaciones de la ley mosaica del Antiguo Testamento y el sistema del sacerdocio levítico eran interdependientes. Así, cuando el sacerdocio se eliminó, la ley mosaica también desapareció. El resumen que hace el escritor es claro: "Queda, pues, abrogado el mandamiento anterior a causa de su debilidad e ineficacia (pues nada perfeccionó la ley), y de la introducción de una mejor esperanza, por la cual nos acercamos a Dios" (Hebreos 7:18-19).

LIBRES EN CRISTO

¿Qué supone todo esto para nosotros, en nuestras vidas cristianas, en nuestra fe? Afortunadamente, significa que no vivimos a la sombra de aquellas leyes que fueron dadas por medio de Moisés. No estamos bajo la sombra de las imperfecciones del sacerdocio judío del Antiguo Testamento ni de su mediación. En lugar de eso, vivimos a la luz de Jesucristo y bajo su autoridad. Él es superior a todos los sacerdotes del Antiguo Testamento. Él ha cumplido la ley (le ha arrebatado su vigencia, por así decirlo) mediante la institución del nuevo pacto basado en un sacrificio superior.

Este nuevo pacto, sellado con la sangre de Jesús, nuestro Salvador y Mediador, introduce para nosotros una gran libertad espiritual. Debemos regocijarnos todos los días. Nadie puede echar sobre nuestros hombros la carga de la antigua ley, una ley que Israel fue incapaz de cumplir.

En su carta a la iglesia de Galacia, Pablo abordó este mismo problema. Él afirma el principio de la gracia y de la justicia de Dios con una eficacia elocuente. Condena a quienes iban detrás de los cristianos gálatas, intentando convertirlos al judaísmo: "Estad, pues, firmes en la libertad con que Cristo nos hizo libres, y no estéis otra vez sujetos al yugo de esclavitud… De

> Nuestro lugar santísimo está en el cielo, donde el Jesús exaltado se sienta a la diestra de la majestad en las alturas.

Cristo os desligasteis, los que por la ley os justificáis; de la gracia habéis caído" (Gálatas 5:1, 4).

Nosotros, que somos creyentes cristianos, debemos dar gracias a Dios continuamente por las garantías que el Nuevo Testamento nos ofrece de la vida espiritual y la libertad en Cristo. Nuestro sacrificio no es un animal ofrecido por un sacerdote tan imperfecto como somos nosotros. Nuestro sacrificio es el propio Cordero de Dios, que tuvo la potestad y la voluntad de ofrecerse para borrar los pecados del mundo. Nuestro altar no está en la antigua Jerusalén; está en el Calvario, donde Jesús se ofreció a Dios, sin mancha alguna, por medio del Espíritu eterno. Nuestro lugar santísimo no es esa sección de un templo hecho por manos humanas, protegido tras un velo. Nuestro lugar santísimo está en el cielo, donde el Jesús exaltado se sienta a la diestra de la majestad en las alturas.

UN NUEVO SACRIFICIO

Fijémonos en la comparación entre los dos sacerdocios. En el Antiguo Testamento, cada sacerdote que ministraba sabía que al final se apartaría del sacerdocio y moriría. Cada sacerdote ejercía de forma temporal. Pero en nuestro Señor Jesucristo tenemos un Sumo Sacerdote eterno. Ha probado la muerte y la ha vencido; no volverá a morir. Seguirá siendo Sacerdote para siempre, ¡y nunca cambiará! Es por este mismo motivo, como nos asegura el escritor, por el que Jesús "puede también salvar perpetuamente a los que por él se acercan a Dios, viviendo siempre para interceder por ellos" (Hebreos 7:25).

Antes de abandonar el tema de la cancelación de la mediación sacerdotal del Antiguo Testamento, quiero mencionar el suceso extraño, anómalo, que tuvo lugar dentro del templo de Jerusalén cuando Jesús entregó su vida en la cruz. Cuando "entregó el espíritu" (Juan 19:30) a las afueras de Jerusalén, el propio dedo del Dios Todopoderoso tocó el lugar santísimo del templo, rompiendo, rasgando el pesado velo que hacía de separación (Mateo 27:51).

Aquel antiguo velo no era solo una cortina; estaba hecho con un tejido especial, que lo volvía un velo tan denso y pesado que eran necesarios varios hombres para correrlo a un lado. Cuando Jesús murió, el dedo de Dios rasgó aquel velo que había albergado la presencia terrenal del Dios invisible. Así, Dios señalaba el comienzo de un nuevo pacto y de una nueva relación entre la humanidad y Él. Demostraba el final de lo viejo y la transferencia al nuevo orden de la autoridad, la eficacia y la mediación.

El sacerdocio, los sacerdotes, los antiguos pactos, los altares, los sacrificios, todo aquello que había formado parte del sistema legal del Antiguo Testamento fue retirado. Dios lo había descalificado como algo inútil, carente de sentido, sin autoridad. En su lugar instituyó un nuevo sacrificio, el Cordero de Dios, el Hijo eterno, Jesucristo. Dios instituyó también un altar nuevo y eficaz, esta vez uno eterno en los cielos, donde vive Jesús para interceder por los hijos de Dios que creen en Él.

Cuando el velo del templo fue rasgado de arriba a abajo, dice la tradición que los sacerdotes levíticos decidieron que debían reparar aquella partición que durante tanto tiempo había sido sagrada. Y lo hicieron. Lo volvieron a coser como mejor supieron. Al no comprender que Dios había decretado un nuevo orden, adoptaron la postura terrenal, intentando preservar el sistema antiguo de sacrificios.

Espero que no me acusen de antisemitismo cuando cito determinadas verdades bíblicas que señalan que ni siquiera hoy los judíos saben realmente por qué adoran. Los evangélicos no simpatizamos con quienes odian a los judíos. Según nuestra forma de entender las Escrituras y el gran plan de Dios, admitimos la relevancia que tienen nuestros amigos judíos. Nos preocupa su bienestar en medio de un mundo hostil.

Además, creemos firmemente en la gloria futura de Israel. Creemos que, cuando vuelva el Mesías de Dios, Israel volverá a ministrar con fe y adorará en su propia tierra. Creemos en un día que aún no ha llegado cuando un Israel renacido impartirá su luz. La Palabra de la justicia de Dios saldrá de Sion y, de Jerusalén, el mensaje de Dios.

> **Dios instituyó también un altar nuevo y eficaz, esta vez uno eterno en los cielos, donde vive Jesús para interceder por los hijos de Dios que creen en Él.**

No obstante, por el momento, la vida latente de la fe judía ha desaparecido. No hay altar; no está la gloria *shekiná* ni la Presencia; no hay sacrificio eficaz por el pecado. No existe un sacerdote mediador, ni un lugar santísimo en el que pueda entrar en representación de su gente. Todo ha desaparecido; se ha eliminado como algo inútil, sin sentido, sin más autoridad.

En su lugar, Dios ha instituido y aceptado un nuevo sacrificio: el Cordero de Dios, el Hijo eterno. Ha confirmado un altar nuevo y eficaz, esta vez eterno en el cielo, donde Jesús vive para siempre para interceder por los hijos de Dios que creen en Él. Ha nombrado y aceptado a un nuevo sumo sacerdote, Jesús, el Hijo eterno, sentándole a su diestra.

Puede que todo lo que he dicho suene complejo y enredado, pero hay algo que debemos entender: Jesús nuestro Señor, el Cristo de Dios y nuestro Salvador, ¡vive para siempre! Jesús es eterno y no cambia, exactamente igual que lo es Dios.

¡Y Jesús vive para interceder por nosotros! Lo que más le interesa eternamente es nuestro bienestar. Cantamos sobre esto con fe y con alegría: "Ante el trono mi Certeza está; mi nombre escrito en sus manos verá". Y luego seguimos con el resto de estas estimulantes palabras procedentes de la visión y el corazón de Charles Wesley:

> El Padre orar escucha
> a su amado el Ungido;
> no puede rechazar
> la presencia de su Hijo.
> Su Espíritu responde a la sangre
> y me dice: "De Dios has nacido".

Lo que posibilita que unos a otros nos digamos que creemos en la seguridad de los santos de Dios es la intercesión incondicional de Cristo. Creemos que existe un lugar seguro, no debido a algún aspecto técnico que pudiera haber adelantado alguien como Juan Calvino, sino gracias a la intercesión del Eterno que no muere, el sumo sacerdote. De día y de noche presenta nuestros nombres delante del Padre celestial. Por débiles que seamos, somos preservados porque Jesucristo es nuestro Sumo Sacerdote eterno en los cielos.

NUESTRO DESTINO

¡Qué distinto es nuestro concepto de Jesucristo del que tenían aquellos que le llevaron a la muerte, diciendo "¡Este es su final!"! Tenemos la visión de un Hombre resucitado, victorioso, todopoderoso, omnisciente y sumo sacerdote. En silencio, con victoria, empeña la dignidad y el valor de su propia vida y de su sangre para preservar a los hijos de Dios y concederles la victoria.

Piensa simplemente, por ejemplo, en cuáles son las consecuencias llenas de gracia de la garantía de Dios. En su Palabra declara que Jesús, nuestro Salvador y Mediador, "puede también salvar perpetuamente a los que por él se acercan a Dios, viviendo siempre para interceder por ellos" (Hebreos 7:25). Ha habido predicadores que cambiaron el sentido de lo que dice esta frase: predicaban una salvación que enfatizaba *de qué* era salvo el pecador individual.

¡Me opongo firmemente a ese énfasis!

Nuestro Señor había hecho una invitación que no excluía a nadie. "Todo aquel" es tan amplio como lo es la raza humana. No creo que a Dios le importe en absoluto de dónde viene cada uno; lo que le interesa es adónde vamos. La decisión que hemos tomado sobre nuestro destino (estar con Dios para siempre) es lo que le complace y lleva a los ángeles a regocijarse.

Algunos obreros cristianos han basado su carrera en centrarse en las facetas negativas y extremas de la vida humana, pecaminosa. "¡Déjame que te cuente cómo era yo, alcoholizado y sin esperanza!". "Ven al culto y te diré lo que supone ser un drogadicto indefenso". "Ven y deja que te hable de esa época terrible y trágica del pasado en la que no fui nada más que un inútil que maltrataba a su esposa".

Es maravilloso lo que hace Dios por nosotros en su gracia y su amor cuando somos perdonados, regenerados y convertidos. ¡Sin duda es un nuevo nacimiento! Dios nos salva de lo que éramos, fuera lo que fuese, pero espera que pasemos el resto de nuestra vida adorándole, contando las maravillas de Cristo y de su salvación. Quiere que propaguemos las buenas noticias del gran futuro eterno que ha planificado para nosotros. Quiere que hablemos a otros de las moradas eternas que prepara para todos aquellos que le aman y le obedecen.

REFLEXIÓN PERSONAL

1. ¿Hay alguna manera en la que has perdido de vista la libertad que tienes en Cristo?

2. ¿Vives tu vida sabiendo que tienes acceso inmediato a Dios por medio del ministerio sacerdotal de Jesús?

3. ¿Cómo cambiaría tu vida si te planteases más regularmente la seguridad que tienes de estar un día en los cielos con Cristo?

15

SIEMPRE CON NOSOTROS

Así, pues, todas las veces que comiereis este pan, y bebiereis esta copa, la muerte del Señor anunciáis hasta que él venga.

1 Corintios 11:26

Resulta sorprendente que muchas personas parecen creer que la Iglesia cristiana solo es una institución más, y que la celebración de la Santa Cena no es otra cosa que uno de sus rituales periódicos.

La Biblia deja claro que toda iglesia que siga de verdad el modelo del Nuevo Testamento es en realidad una comunidad, no una institución.

El diccionario dice que una comunidad es un grupo de cristianos que tienen una fe en común. "Compartir" y "participar" son también otros términos que figuran en la definición de "comunidad".

Independientemente de las tradiciones, las palabras y las definiciones, la pregunta básica al acercarnos a la Mesa del Señor es:

"¿Nos hemos reunido para reconocer la presencia de nuestro Señor divino y nuestro Salvador resucitado?".

Hermanos, ¡qué maravilla si hemos alcanzado la madurez y el entendimiento espirituales que nos permiten confesar "Nuestra congregación es tan consciente de la presencia de Jesús en medio de nosotros que toda nuestra comunidad tiene una comunión constante"!

¡Qué experiencia más gozosa es para nosotros, en esta era de la Iglesia, formar parte de una congregación cohesionada por la fascinación magnética que ejerce el deseo de conocer la presencia de Dios y sentir su cercanía!

Para nosotros, la comunión no tendrá un significado último si no creemos que nuestro Señor Jesucristo está literalmente presente en el cuerpo de Cristo en la tierra.

Aquí hay que hacer una distinción: Cristo está literalmente presente con nosotros, pero no lo está físicamente.

Algunas personas se acercan a la Santa Cena con un temor reverente que es casi de miedo, porque creen que se están acercando a la presencia física de Dios. Es un error imaginar que Él se encuentra físicamente presente.

Recuerda que Dios no estaba físicamente presente en la zarza ardiente del Antiguo Testamento. Tampoco estaba físicamente presente entre las alas de los querubines en el tabernáculo, ni tampoco en la nube de día y en la columna de fuego de noche.

En todos esos casos estuvo literalmente presente.

De modo que hoy, el Dios que se hizo Hombre, el Hombre que es Dios, ese Hombre que es el punto focal de la manifestación divina, ¡está aquí!

Cuando nos acercamos a la Mesa del Señor, no tenemos que intentar atraer su presencia. ¡Él está aquí!

Sin embargo, sí que nos pide que aportemos el tipo de fe que conocerá y discernirá su presencia; el tipo de fe que nos permitirá perdonarnos "unos a otros, como Dios también os perdonó a vosotros en Cristo" (Efesios 4:32).

Por medio de nuestra adoración y de la comunión, Dios quiere que seamos capaces de percibir la cercanía amorosa del Salvador, ¡que Él nos concede instantáneamente!

En este mundo no hay nada semejante: el Espíritu de Dios está preparado con el bautismo de la presencia sentida de ese Dios que hizo los cielos y la tierra y que tiene el mundo en sus manos. Conocer el sentido de su presencia transformará del todo nuestra vida cotidiana. Nos elevará, purificará y librará del dominio de la carne, llegando hasta el punto de que nuestras vidas serán una fascinación constante y radiante.

> **Toda iglesia que siga de verdad el modelo del Nuevo Testamento es en realidad una comunidad, no una institución.**

En este punto quiero hacer referencia al mensaje de Pablo a la iglesia corintia. Leemos y entendemos que en aquella iglesia temprana había problemas porque sus miembros se reunían por motivos ajenos al reconocimiento de la presencia divina.

Pablo dice que se reunían "sin discernir el cuerpo del Señor".

He consultado muchas fuentes de erudición cristiana y estoy de acuerdo con Ellicott y otros comentaristas que piensan que esto significa que se reunían "sin reconocer la presencia de Dios".

No se les pedía que creyesen que el pan y el vino *eran* Dios, sino que Dios estaba presente *donde* se reunían los cristianos para servir el pan y el vino. Dado que rehusaban admitir su presencia, tenían grandes problemas espirituales.

En realidad, se reunían con propósitos distintos al de encontrar a Dios en el punto focal de la manifestación en la persona de su Hijo.

Sobre ellos pendía el juicio porque eran demasiado carnales, mundanos, se dejaban llevar por la sociedad, eran muy poco espirituales como para reconocer que, cuando los cristianos se reúnen, deben manifestar, como mínimo, la reverencia que mostraba un griego cuando conducía a un ternero al bosquecillo sagrado. Deberían sentir como mínimo la reverencia que dominaba a un poeta griego cuando componía en silencio sonetos para su dios. Cuando se reunieran, debían observar como mínimo la reverencia de un sumo sacerdote judío del Antiguo Testamento cuando se acercaba al lugar santo y vertía sangre sobre el propiciatorio.

Sin embargo, ellos acudían con otra actitud. No venían para tener comunión en la presencia del Señor, de modo que el propósito y el sentido de la comunión se difuminaron.

Esto fue cierto de otras iglesias, además de exponerse en Apocalipsis 2 y 3.

CONMEMORANDO A CRISTO

Hoy día, sostengo, deberíamos ser una compañía de creyentes que han sido reunidos para ver, escuchar y sentir a Dios apareciendo como Hombre. Ese Hombre no es un predicador, pastor o diácono, sino el Hijo del Hombre, Jesucristo, ¡que ha resucitado de los muertos y vive para siempre!

Es imposible separar la mesa de la Santa Cena de la centralidad que tiene Jesucristo en la Palabra revelada de Dios.

Algunos piensan en el pan y el vino como una celebración y, en su mejor sentido, a quien celebramos cuando nos acercamos a esta mesa es a nuestro Señor Jesucristo.

Para captar el espíritu de este memorial, fijémonos en la relación con Cristo, el Hijo del Hombre, mediante cinco palabras acompañadas de sus correspondientes preposiciones.

Primero, celebramos la "devoción de Cristo *por*", destacando, por ejemplo, su devoción por la voluntad del Padre.

Nuestro Señor Jesucristo no tenía metas secundarias. Su única pasión en esta vida era el cumplimiento de la voluntad de su Padre. Seguramente fue el único ser humano después de la caída de quien se pueda decir esto en términos absolutos. En el caso de cualquier otra persona, solo puede ser una aproximación. El realismo nos exige decir que suponemos que nunca ha habido nadie que no haya lamentado, aunque sea por poco tiempo, la introducción de alguna distracción.

Sin embargo, Jesús nunca se distrajo ni se desvió. La voluntad de su Padre siempre estaba delante de sus ojos, y Él estaba consagrado solamente a esa voluntad.

Como parte de esto, se ha comprometido al rescate de la humanidad caída; está totalmente entregado a esta misión. No tuvo una docena de actividades accesorias: ¡hizo solamente eso! Se comprometió con el altar del sacrificio, para rescate de la humanidad.

Puede que resulte útil que recordemos un famoso símbolo de una de las antiguas sociedades misioneras bautistas. Mostraba a un buey que permanecía en pie, quieto, entre un altar y un arado. Debajo se leía "¡Listo para uno o para ambos!". Arar durante un tiempo y luego morir en el altar. O bien morir solamente en el altar, o bien solo trabajar durante un tiempo.

> Jesús nunca se distrajo ni se desvió. La voluntad de su Padre siempre estaba delante de sus ojos, y Él estaba consagrado solamente a esa voluntad.

El significado del símbolo era la disposición: "listo para uno o para ambos". Creo que este es uno de los símbolos más perfectos que conozco para captar la sumisión a la voluntad de Dios, y sin duda describe a nuestro Señor Jesucristo.

Él estaba dispuesto para sus obras en este mundo, el trabajo del arado, que fue seguido del altar del sacrificio. Sin intereses secundarios, caminó con un propósito firme, casi con precisión, hacia la cruz. No permitió que nada le distrajera ni le desviase. Estuvo totalmente comprometido con la cruz, totalmente entregado al rescate de la humanidad, ¡porque estaba totalmente consagrado a la voluntad de su Padre!

Aun cuando "no permanecemos fieles", como dice la Biblia, eso no altera su devoción fiel. No ha cambiado. ¡Está tan comprometido como siempre lo ha estado! Vino consagrado para hacer algo, y el término *consagrado* es religioso, una palabra que se refiere al sacrificio, normalmente de un cordero que fue elegido y señalado entre otros. Se le alimentaba, se le cuidaba, pero todo el mundo lo consideraba ya muerto sobre el altar del sacrificio.

Era el cordero que había sido elegido y, aunque esperó en su lugar durante unos pocos días, todo el mundo era consciente del sacrificio venidero. Sabían que estaba consagrado. Era un cordero prescindible. Por lo tanto, nuestro Señor Jesucristo estaba consagrado, totalmente entregado como un cordero al sacrificio.

La segunda palabra es *separación*, y la preposición es *de*. Devoción *por* y separación *de*.

Hay muchas maneras en las que nuestro Señor se separó deliberadamente de algo o alguien. Se separó *de* los hombres *para* los hombres.

Hay quienes se han separado por otros motivos. Como recordarás, Timón de Atenas se disgustó tanto con la raza humana que se fue a las colinas, separándose de la humanidad porque la odiaba. Su separación fue el resultado del odio. Pero la separación de Jesucristo de los hombres fue fruto del amor. Se separó de ellos para ellos. Fue por ellos por los que vino… y murió. Fue por ellos por lo que resucitó y ascendió a los cielos, y por ellos apareció a la diestra de Dios.

Cuando Jesús se apartó de los hombres, no lo hizo porque se hubiera cansado de ellos, ni porque le disgustaran. Por el contrario, se separó de ellos porque les amaba. Fue una separación necesaria para que pudiera hacer por ellos lo que ellos no podían hacer por sí mismos. Fue el único que podía rescatarlos. Es decir, que Jesús fue un hombre separado de los asuntos de los hombres.

La expresión que lo define es "separado de". Se separó de la red de las cosas sin importancia. En este mundo hay muchas cosas que hacen los cristianos que en el fondo no son malas, solo son triviales. Son indignas de ellos, como si encontráramos a Albert Einstein recortando muñecas de papel. Aunque al verlo alguien se sintiera muy decepcionado, no se le acercaría para decirle: "Einstein, está usted cometiendo un gran pecado". Pero sí que nos alejaríamos meneando la cabeza y diciendo: "¿Con una mente como esa? Una de las seis mentes más prodigiosas de todos los tiempos, ¡recortando muñecas!".

¡Hay tantas trivialidades en las que parecen ocuparse las grandes mentes! Sí, me refiero a tu mente. ¡Grandes mentes!

Sonríes y dices: "¿Quién, yo?".

¡Sí, me refiero a ti!

Me refiero a tu mente, con sus capacidades ilimitadas. Me refiero a tu espíritu, con su potencial para tener relación con los ángeles y comunión con Dios. Sin embargo, nos enredamos en trivialidades.

Jesús nunca cometió este error: ¡escapó de la red de las trivialidades!

La Biblia nos dice que se separó de los pecadores. No solo se separó de sus pecados, sino también de sus vanidades. Vanidades. ¡Separado de!

Dentro de este contexto, ¿hace falta que te recuerde que, si estas palabras caracterizaron a Jesús, también deben caracterizar a cada uno de nosotros que afirme ser seguidor de Jesús?

¡Devoción por! Sí, devoción por la voluntad del Padre; devoción por el rescate de la humanidad mediante la predicación del evangelio; devoción por cualquier sacrificio necesario, sin que medie un interés egoísta, ¡sino avanzando con un propósito firme para hacer la voluntad divina!

¡Separación de! Pero no con amargura ni desprecio, sino como el corredor, separado de sus prendas de vestir habituales para estar listo para disputar la carrera; o como un soldado que se separa de sus ropas civiles para llevar solamente lo que le ordenan, con objeto de que sus brazos y piernas tengan movilidad para el combate. Esta es la separación que debemos conocer siendo los discípulos amantes del Señor.

Jesús padeció el rechazo por parte de la humanidad porque era santo.

La tercera palabra es *rechazo*, y va acompañada de la preposición "*de*".

Está claro que Jesús padeció el rechazo por parte de la humanidad porque era santo. Luego padeció el rechazo de Dios debido a su pecado. Pero alguien dirá: "¡Eh, un momento! ¿Quieres decir que nuestro Señor tuvo pecado?".

Sí, un pecado vicario.

Él jamás pecó, pero aquel que no conoció pecado se hizo pecado por nosotros, para que los pecadores pudiéramos ser hechos justicia de Dios en Él.

En este sentido, padeció un rechazo doble. Era demasiado bueno como para que lo recibiesen los hombres pecadores, y en ese terrible momento de su sacrificio fue demasiado pecador como para que lo aceptase un Dios santo; de modo que estuvo colgado entre cielos y Tierra, rechazado por ambos, hasta que clamó: "¡Consumado es! Padre, en tus manos encomiendo mi espíritu" (paráfrasis de Lucas 23:46). Entonces su Padre le recibió.

No obstante, mientras fue portador de mis pecados y de los tuyos, fue rechazado por el Padre. Mientras vivió entre los hombres, fue rechazado por ellos porque era tan santo que su vida era una reprensión constante para ellos.

También hemos de comentar la *identificación con*. No cabe duda de que Él se identificó con nosotros. Todo lo que hizo fue por nosotros. Actuó en nuestro beneficio; llevó nuestra culpa, nos dio su justicia. Con todos estos actos en el mundo, obró por nosotros, porque mediante su encarnación se identificó con la raza humana. Por medio de su muerte y su resurrección se identificó con la raza humana redimida.

El bendito resultado es que somos lo mismo que Él es; que donde Él está, potencialmente también está su pueblo; y este pueblo tiene, potencialmente, las características que Él tiene, ¡exceptuando su deidad!

Por último, pensemos en su *aceptación ante*.

Jesucristo, nuestro Señor, es aceptado ante el trono de Dios. Aunque en otro tiempo fue rechazado, ahora es aceptado, y aquel amargo rechazo se ha convertido en una aceptación gozosa. Lo mismo es cierto de su pueblo. Por medio de Él, ¡nosotros morimos! Identificados con Él, vivimos, y por medio de esa identificación con Él somos aceptados a la diestra de Dios Padre.

Este es el significado de nuestra celebración.

REFLEXIÓN PERSONAL

1. ¿Cuáles son las consecuencias de entender la iglesia como, primariamente, una comunidad y no una institución?

2. Tozer afirma que tenemos "problemas espirituales" si no reconocemos la presencia de Cristo. ¿Qué tipo de problema crees que es consecuencia de no admitir su cercanía?

3. ¿Cómo te anima o te reta la descripción que hace Tozer de la presencia de Cristo?

4. ¿De qué forma influye en tu manera de verte y de ver a otros creyentes el conocimiento de que tú y todos los cristianos se identifican con Cristo?

LA SEGUNDA VENIDA

para que sometida a prueba vuestra fe, mucho más
preciosa que el oro, el cual aunque perecedero se
prueba con fuego, sea hallada en alabanza, gloria
y honra cuando sea manifestado Jesucristo.

1 Pedro 1:7

¿Estás listo para la aparición de Jesucristo o te cuentas entre aquellos que solo sienten curiosidad por su venida?

Deja que te advierta que muchos predicadores y maestros de la Biblia darán cuentas a Dios algún día por fomentar las especulaciones curiosas sobre el regreso de Cristo y no enfatizar la necesidad de "amar su venida".

La Biblia no aprueba esta curiosidad moderna que juega con las Escrituras y que solo pretende impresionar a los públicos crédulos e ingenuos con el "sorprendente" conocimiento profético que posee el hermano que predica o enseña.

No se me ocurre un solo pasaje del Nuevo Testamento que hable de la revelación, la manifestación o la venida de Cristo que no esté directamente relacionado con la conducta moral, la fe y la santidad espiritual.

La aparición del Señor Jesús en este mundo una vez más no es un suceso sobre el que podamos especular ociosamente; cuando lo hacemos, solo conseguimos pecar. El maestro profético que se pone a especular para estimular la curiosidad de sus oyentes sin darles una aplicación moral peca mientras predica.

Ya ha habido demasiadas fórmulas absurdas que han aplicado al retorno de Cristo aquellos que sentían una mera curiosidad, y que han inducido a muchos creyentes a no volver a pensar en este tema o a preocuparse por ello. Pero Pedro invitaba a esperar la manifestación de Jesucristo. Pablo dijo que hay una corona de justicia reservada en la gloria para aquellos que amen su venida. Juan habló de esta esperanza de ver a Jesús, y escribió claramente: "Y todo aquel que tiene esta esperanza en él, se purifica a sí mismo, así como él es puro" (1 Juan 3:3).

Pedro vinculó la prueba de nuestra fe con la venida del Señor cuando escribió diciendo que "sometida a prueba vuestra fe, mucho más preciosa que el oro, el cual aunque perecedero se prueba con fuego, sea hallada en alabanza, gloria y honra cuando sea manifestado Jesucristo" (1 Pedro 1:7).

COMPRENDIENDO LAS ESCRITURAS

Piensa en la aparición de Cristo, porque esta es una palabra que encarna una idea, una idea que tiene tanta importancia para la teología cristiana y para la vida del cristiano que no podemos permitirnos ignorarla.

La palabra aparece frecuentemente en muchas versiones de la Biblia haciendo referencia a Jesús, y tiene diversas formas, como *aparecer, aparecido, apareciendo*. El término original del que se tradujo la palabra al español tiene en griego siete formas distintas.

Sin embargo, en este uso solo nos interesa la palabra *aparición* en su vertiente profética. No cabe ninguna duda de que así es como la usó Pedro en este pasaje. Entre esas siete formas griegas hay tres palabras concretas que, en su conjunto, pueden tener este significado: "manifestar, brillar sobre, revelar, hacerse visible, un desvelamiento, una venida, una manifestación, una revelación".

Señalo esto porque Pedro también escribió qué deben hacer los cristianos: "ceñid los lomos de vuestro entendimiento, sed sobrios, y esperad por completo en la gracia que se os traerá cuando Jesucristo sea manifestado" (1 Pedro 1:13).

Puede que alguno de ustedes quisiera formular una pregunta a los traductores, ¡pero ya están todos muertos! Es muy posible que la pregunta fuera: "¿Por qué la forma parecida del término original se tradujo en un caso como la 'aparición' y en otro como la 'revelación' de Jesucristo?".

> La Biblia es el libro más fácil de entender del mundo, ¡uno de los más fáciles para la mente espiritual pero uno de los más difíciles para la mente carnal!

Seguramente habrá algún matiz muy sutil de significado que ellos consideraron que debía expresarse mediante un término y no el otro, pero podemos aceptar como algo seguro que las palabras se usan indistintamente en la Biblia.

No tenemos por qué analizar con lupa este punto, ¡y de hecho algunas personas tienen problemas con las Escrituras porque se exceden en su análisis! El Señor nunca esperó de nosotros que nos esforzáramos tanto y lleváramos el sentido hasta su extremo, ni que estableciéramos una fórmula o una exposición doctrinal basadas en los matices y las formas de una sola palabra.

Algunas sectas hacen esto. Hay sectas proféticas cuyo concepto profético esencial y su estructura ideológica descansan sobre las palabras *aparición, revelación, manifestación* o *desvelamiento*. Sus líderes escriben página tras página y libro tras libro sobre la diferencia entre un matiz de significado y otro.

Yo solo puedo decir que, después de haber estado en este mundo bastante tiempo, he aprendido una cosa: si esa secta necesita escudriñar a fondo una palabra para dejar clara una idea, ¡descártala y no vuelvas a pensar en ella!

Si esa secta, que es evidentemente una secta que no tiene lugar en la corriente histórica del cristianismo ni tampoco en la larga lista de verdades cristianas aprobadas, intenta edificar algo sobre cierto matiz de una palabra, te puedes deshacer de ella sin problema.

¿Por qué digo esto?

Porque la Biblia es el libro más fácil de entender del mundo, ¡uno de los más fáciles para la mente espiritual pero uno de los más difíciles para la mente carnal! No presto atención a quienes les parece necesario forzar un matiz del significado para demostrar que tienen razón, sobre todo cuando se puede demostrar que esa postura es contraria a todas las creencias de los cristianos remontándonos hasta los tiempos de los apóstoles.

Este es mi motivo para decir que resulta muy fácil esforzarse demasiado cuando abordamos la lectura y la explicación de las Escrituras. Podemos esforzarnos en exceso en casi cualquier terreno, incluyendo el béisbol.

Por ejemplo, un determinado equipo de béisbol intenta ganar con tanto esfuerzo al principio de la temporada que los jugadores están tensos, nerviosos e intranquilos, y cometen muchos errores.

Después de llegar a la conclusión de que no tienen opciones de ganar el campeonato, se relajan y, de repente, juegan muy bien al béisbol. No es que hayan cambiado a ninguno de los jugadores: ¡simplemente se relajaron y dejaron de luchar con tantas ganas!

Creo que este asunto de esforzarse y probar con tantas fuerzas puede ser de interés también para el predicador joven que se pone delante de un público por primera vez. Se le tensan los músculos, se le seca la garganta, es posible que no recuerde las ideas principales (y yo he pasado por eso), y se esfuerza y, como en todas las cosas, ¡lo intenta con demasiado ahínco!

No obstante, en el reino de Dios nunca maduraremos luchando y esforzándonos al máximo, porque el reino de Dios no se conquista de esa manera. ¡Lo que tienes que hacer es confiar en el Señor y ver cómo lo conquista Él!

Lo mismo es cierto en lo relativo a la interpretación de la Biblia. Si insistimos en esos sutiles matices de las definiciones, es posible que nos estemos esforzando demasiado, ¡e incluso que acabemos teniendo el punto de vista equivocado!

Vamos a ver si podemos ilustrar esto. Imagina que un hombre de Chicago visita a su familia que vive en Des Moines y, después de regresar a su casa, escribe unas cuantas cartas en las que menciona su viaje a Iowa.

En una carta escribe: "La semana pasada visité Des Moines".

En la segunda dice: "La semana pasada estuve en Des Moines", y en una tercera comenta: "La semana pasada fui en coche a Des Moines". En otra posterior dice: "La semana pasada visité a mi hermano en Des Moines".

Pone sello a todas las cartas, las mete en el buzón y se olvida del tema.

¿Qué pasaría si al cabo de mil años esas cuatro cartas fueran a parar a un grupo de intérpretes, sobre todo si son los que se esfuerzan en exceso, si son de los que insisten en que la Biblia no contiene sinónimos y que las expresiones "reino de Dios" y "reino de los cielos" nunca se usan de forma intercambiable?

Tomarían sus apuntes e insistirían en que seguramente el escritor tenía en mente algo especial cuando escribió: "estuve en Des Moines" y "fui en coche a Des Moines". Por consiguiente, debió hacer dos viajes, ¡porque si no habría dicho lo mismo en ambas ocasiones! Además, debió tener algún motivo para decir en una carta que visitó Des Moines, lo cual debe significar que en esa ocasión permaneció más tiempo en la ciudad que en aquella otra en que visitó a su hermano.

En realidad, solo estuvo una vez, pero, al escribir, como conocía el idioma lo bastante bien, expresó lo mismo de cuatro maneras distintas.

Es decir, que cuando encontremos el uso que hace Pedro de la palabra *manifestado*, ¡relajémonos, porque significa justo eso! Si en otro pasaje se usa otro tiempo verbal u otra palabra, y se afirma lo mismo de otra manera, lo único que demuestra es que el Espíritu Santo nunca se ha encasillado, ¡aunque los intérpretes sí lo hagan! El Espíritu de Dios nunca ha tenido que recurrir a clichés, ¡aunque a menudo los predicadores parecen ser especialistas en ellos!

La aparición de Jesucristo puede referirse a su manifestación. Puede significar "revelación, manifestación, desvelamiento". Sí, puede significar su venida, ¡la revelación de Jesucristo!

VOLVIENDO A LA TIERRA

En realidad, la mayoría de las personas buscan respuesta a la pregunta: "¿Dónde se producirá esta aparición, venida, desvelamiento o revelación?".

Aquellos a los que escribió Pedro sobre la aparición de Cristo eran hombres y mujeres cristianos de este mundo. No hay manera posible de espiritualizar esto: no podemos transferir esta escena a los cielos.

Pedro escribía a los cristianos en esta tierra, a los santos esparcidos por doquier debido a las pruebas y a las persecuciones. Les animaba para que soportaran la aflicción y para que confiaran en Dios en medio de sus sufrimientos, ¡de modo que su fe pudiera ser más valiosa que el oro cuando Jesucristo se manifestara!

El sentido común nos dirá que su manifestación solo puede producirse en el mundo, porque escribía a personas de este planeta. No escribía a los ángeles situados en alguna esfera celestial; no se lo decía a Gabriel, sino a las personas que viven en este mundo.

Ahora bien, Pedro también dijo que este sería un suceso que tendría lugar en el futuro, es decir, el futuro respecto al momento en que escribió Pedro, hace diecinueve siglos. Pedro, escribiendo en el año 65 d.C., situó el advenimiento de Cristo en algún punto del futuro situado después del año 65.

Por lo tanto, estamos seguros de que Pedro no se refería a la aparición de Jesús en el río Jordán, cuando lo bautizó Juan, porque eso ya había tenido lugar treinta años antes.

Jesús también había aparecido en Jerusalén, caminando entre sus habitantes, hablando con fariseos y ancianos, rabinos y gente de a pie, pero eso también había pasado treinta años antes. Había aparecido de repente en el templo, justo cuando las cosas iban bien y las personas venían de múltiples lugares con dinero para cambiar, con el que comprar cabezas de ganado o palomas para el sacrificio. Usando solo una cuerda, Jesús echó del templo al ganado y a los cambistas. Apareció en el monte de la Transfiguración y, después de su resurrección, se apareció a los discípulos. Se manifestó muchas veces; lo hizo en la carne, e hizo cosas que podían identificarse. Estuvo entre ellos como un hombre entre los hombres. Pero Pedro dijo: "Aún tiene que manifestarse", porque todas las otras apariciones habían sucedido treinta años antes.

Pedro decía: "Quiero que ustedes estén preparados para que la prueba de su fe, sus aflicciones, su obediencia y la cruz que llevan, den honor y gloria cuando se manifieste Jesucristo", ¡cuando se manifestara en el futuro!

COMO ANTES

En ningún lugar de la Biblia hallamos un testimonio fiable que diga que Jesucristo haya vuelto a este mundo desde el momento en que vivió en él para borrar los pecados por medio del sacrificio de sí mismo.

De hecho, no encontramos a nadie que nos diga que Cristo se le ha aparecido en persona, excepto algún pobre fanático que, normalmente, acaba sus días en una institución para perturbados mentales.

Han surgido muchas sectas nuevas; la gente ha recorrido las calles diciendo "Soy Cristo". Los psiquiatras han escrito montones de informes sobre personas que insistían en que eran Jesucristo.

Sin embargo, nuestro Señor Jesucristo aún no se ha manifestado por segunda vez, porque si lo hubiera hecho, habría sido coherente con el significado de la palabra tal como se usaba habitualmente en el Nuevo Testamento. Tendría que aparecer como lo hizo en el templo, como lo hizo junto al Jordán o en el monte de la Transfiguración. Tendría que haber sido como se apareció en cierta ocasión a sus discípulos después de la resurrección: mediante una forma visible, humana, tridimensional, de modo que la vista, el oído y el tacto humanos pudieran identificarle.

Si queremos que la palabra *manifestación* signifique lo que significa universalmente, la aparición de Jesucristo tiene que parecerse mucho a la primera vez que anduvo en la tierra hace casi dos mil años.

Cuando vino la primera vez, caminó entre los hombres. Tomó a bebés en sus brazos. Sanó a los enfermos, los afligidos y los cojos. Bendijo a las personas, comió con ellas y caminó entre ellas, y las Escrituras nos dicen que cuando vuelva a aparecer, lo hará de esta misma manera. Volverá a ser un hombre, ¡aunque glorificado! Será un hombre al que se pueda identificar, el mismo Jesús que se marchó.

En este punto debemos hablar también de los testimonios de los santos cristianos a través de los siglos, para que Cristo se nos dé a conocer mediante la vida, la comprensión y la experiencia espirituales.

Hay un cierto sentido en el que todo el mundo que tiene un corazón puro "contempla" a Dios.

Seguro que habrá algunos que dirán: "¡Para mí, Jesús es tan real que le he visto!".

Sé lo que quieres decir, y le doy gracias a Dios por ello: que Dios ha iluminado los ojos de tu entendimiento espiritual y le has visto en ese sentido. "Bienaventurados los de limpio corazón, porque ellos verán a Dios" (Mateo 5:8).

Creo que es enteramente posible que los ojos de nuestra fe, el entendimiento de nuestro espíritu, se iluminen hasta el punto de poder contemplar a nuestro Señor, quizá de una forma velada, a lo mejor no con tanta claridad como en días venideros, ¡pero los ojos de nuestro corazón le ven!

De modo que Cristo aparece a las personas dentro de ese contexto. Aparece cuando oramos y podemos sentir su presencia. Pero esto no es lo que quiso decir Pedro cuando habló de su Segunda

Venida al mundo. El lenguaje que usa Pedro al hablar de ese suceso exige un desvelamiento, una revelación, una venida repentina, ¡una aparición visible!

Pedro hablaba del mismo tipo de aparición que destacaron los periódicos cuando el presidente de los Estados Unidos fue a Chicago. Se refería al mismo tipo de aparición que comentaron los diarios cuando, para deleite de su familia, apareció de repente aquel joven sargento que llevaba más de dos años desaparecido. ¡No ha habido ninguna aparición de Jesús como esas desde que vino para destruir los pecados mediante el sacrificio de sí mismo!

Podemos resumir esto y decir que debe producirse una aparición (en persona, sobre la tierra, según dice Pedro) a los creyentes en un momento posterior a la época de Pedro. Esta aparición aún no ha tenido lugar, y las palabras de Pedro siguen siendo válidas.

Por consiguiente, podemos esperar que Jesucristo vuelva a aparecer en este mundo ante personas vivas, como lo hizo la primera vez que vino.

FORTALECIDOS POR LA PALABRA

La Palabra de Dios no nos fue dada solo para que sintiéramos curiosidad por el regreso de nuestro Señor al mundo, sino para fortalecernos en la fe, la santidad espiritual y la conducta moral.

Cuando Pablo escribió a Timoteo en su segunda epístola, en esta encontramos algunas de las palabras más amadas y llenas de gracia de toda la Biblia:

Te encarezco delante de Dios y del Señor Jesucristo, que juzgará a los vivos y a los muertos en su manifestación… que prediques la palabra; que instes a tiempo y fuera de tiempo; redarguye, reprende, exhorta con toda paciencia y doctrina. Porque vendrá tiempo cuando no sufrirán la sana doctrina (4:1-3).

Aquí el apóstol nos advierte que nuestro Señor Jesucristo juzgará a los vivos y a los muertos cuando se manifieste, y luego relaciona esa aparición y ese juicio con la intensa exhortación a Timoteo de que predique la Palabra, instando a tiempo y fuera de tiempo.

Un poco más adelante, Pablo escribe sobre sucesos que tendrán lugar cuando aparezca Jesucristo.

Escribió: "He peleado la buena batalla, he acabado la carrera, he guardado la fe. Por lo demás, me está guardada la corona de justicia, la cual me dará el Señor, juez justo, en aquel día; y no sólo a mí, sino también a todos los que aman su venida" (2 Timoteo 4:7-8).

Hermanos, se expresa con mucha claridad: quienes aman la venida del Señor serán aquellos que también recibirán una corona.

Hay algunos a quienes les gustaría ampliar esta categoría: "En el fondo, ¿eso no quiere decir que todo aquel que crea en la postura premilenial recibirá la corona de justicia?".

¡Yo digo que no! Significa que quienes sean hallados amando la manifestación de Jesús recibirán la corona de justicia. Desde mi punto de vista, es cuestionable que algunos que defienden la postura premilenial y tienen argumentos a su favor se puedan incluir entre aquellos con un espíritu de humildad, una consagración y un hambre de Dios que se manifiestan discretamente en su amor y en su expectativa de la pronta venida de su Salvador.

Me temo que en este asunto del retorno del Señor hemos fallado el blanco. ¿Cómo es que una proporción tan pequeña de ministros cristianos siente la necesidad de predicar un sermón sobre la verdad de su Segunda Venida? ¿Por qué los pastores dependen en este campo de quienes viajan por todo el país con sus gráficos de colores, sus lecciones prácticas y sus curiosas interpretaciones de la profecía bíblica?

¿Es que no debemos atrevernos a creer lo que escribió el apóstol Juan cuando dijo que "seremos semejantes a él, porque le veremos tal como él es" (1 Juan 3:2)?

Amados, ahora somos hijos de Dios, porque hemos puesto nuestra fe en el Hijo de Dios, Jesucristo. Creemos en Él, nos apoyamos en Él y, sin embargo, aún no se ha manifestado lo que seremos, pero sabemos que, cuando Él se revele, seremos como Él porque le veremos tal como es.

Entonces, Juan dice, directamente y con claridad: "Y todo aquel que tiene esta esperanza en él, se purifica a sí mismo, así como él es puro" (1 Juan 3:3). ¡Todo aquel! ¡Dice "todo aquel"! Lo singulariza. ¡Todo el que tiene esta esperanza en Él se purifica como Él mismo es puro!

Quienes esperan que el Señor Jesucristo venga y esperan ese instante segundo tras segundo, quienes anhelan esa venida, se ocuparán de su purificación. No caerán en especulaciones curiosas: estarán preparándose, purificándose.

Quizá sea útil emplear una ilustración.

Está a punto de celebrarse una boda, y la esposa se está vistiendo. Su madre está nerviosa, y hay otros familiares y ayudantes que intentan asegurarse de que la novia esté vestida correctamente.

¿A qué se debe todo ese interés altruista, esa inquietud?

Bien, la novia y los que la rodean saben que está a punto de ir a reunirse con su novio, y que todo debe estar perfectamente en orden. Ella incluso camina con cuidado para que no se le desordene el vestido ni el velo. Se está preparando, porque espera con una anticipación y una expectación amorosas la reunión con ese hombre frente al altar.

Juan nos dice, por medio del Espíritu Santo, que el que tiene esta esperanza se purifica y se prepara. ¿Cómo? ¡Como Él es puro!

La novia quiere vestirse para ser digna del novio, y lo mismo le sucede a él.

¿Acaso la Iglesia de Jesucristo no debe vestirse como es digno de su Novio, tal como Él está vestido? ¿Ser pura, como Él es puro?

Se nos asegura que la aparición de Jesucristo es un hecho que sucederá. Tendrá lugar a su debido tiempo. Hay muchos que piensan que esto puede suceder pronto, que en este mundo ya no queda nada por hacer para posibilitar su venida.

Será el suceso más importante de la historia del mundo, exceptuando su primera venida y los sucesos de su muerte y su resurrección.

Bien podemos decir que el gran suceso más trascendental en la historia del mundo será "cuando sea manifestado Jesucristo, a quien amáis sin haberle visto, en quien creyendo, aunque ahora no lo veáis, os alegráis con gozo inefable y glorioso" (1 Pedro 1:7-8).

El mundo no lo sabe, pero aquel que tiene esta esperanza en Él lo sabrá, porque se ha purificado como Cristo mismo es puro.

REFLEXIÓN PERSONAL

1. Las palabras de Tozer sobre la segunda venida de Cristo, ¿encajan con lo que piensas de ella?

2. ¿Anticipas gozosamente la venida de Cristo, o en ocasiones te perturban tus deseos terrenales?

3. ¿Te estás preparando para el regreso de Cristo? ¿Qué te sería necesario hacer para prepararte?

LA CABEZA DE LA NUEVA CREACIÓN

He aquí, yo hago nuevas todas las cosas.

Apocalipsis 21:5

Entre todas las religiones que hay en este mundo, solo la Iglesia cristiana puede proclamar las nuevas noticias bíblicas de que Dios, el Creador y Redentor, dará existencia a un nuevo orden.

Ciertamente, es la única buena noticia disponible para una raza caída en el mundo de hoy: la noticia de que Dios ha prometido un nuevo orden que durará eternamente y tendrá una existencia eterna.

¡Qué maravilloso!

Es la promesa que Dios nos hace de un nuevo orden que se fundamentará en las cualidades que son exactamente lo opuesto a la plaga universal que afecta a la humanidad: ¡la temporalidad y la mortalidad!

Dios promete las cualidades de perfección y de eternidad, que no se pueden encontrar en medio de la humanidad en ningún lugar de este mundo.

¡Menuda expectativa!

Se nos enseña que este nuevo orden, por deseo de Dios, se manifestará de forma definitiva en el nuevo cielo y la nueva tierra. Se expresará en la ciudad que descenderá del cielo vestida como una novia ataviada para su marido.

La Palabra de Dios nos dice que toda esta provisión para los redimidos tiene la cualidad de ser eterna.

No vendrá para luego marcharse de nuevo; no será temporal.

Es un nuevo orden que vendrá para quedarse.

No estará sujeto a la muerte; no será mortal.

Es un nuevo orden que vendrá para vivir y permanecer para siempre.

UN NUEVO HOMBRE, UNA NUEVA CREACIÓN

Dios, en su revelación al hombre, deja muy claro que el Cristo Jesús resucitado es la Cabeza de esta nueva creación, y que su Iglesia es el cuerpo. Es una imagen sencilla, que nos enseña que los creyentes individuales en el Cristo resucitado son los miembros del cuerpo.

Me parece que esto se revela con tanta claridad en la Biblia que cualquiera puede verlo y comprenderlo.

Ahí tenemos una imagen completa sobre la que meditar.

El primer Adán (el viejo Adán) era la cabeza de todo lo que había en aquel antiguo orden, de modo que cuando cayó, arrastró consigo todas las cosas.

Sé que hay algunos seres humanos inteligentes que discuten la historicidad de la caída de la humanidad en Adán y Eva. Pero ningún hombre, por brillante y sabio que sea, por buena que sea la educación que ha recibido, ha podido escapar de dos breves frases que el gran Dios Todopoderoso ha escrito sobre todos sus proyectos.

Esas frases son: "Hombre, no puedes quedarte. ¡Debes partir!", y "Hombre, no puedes vivir. ¡Debes morir!".

Ningún ser humano, independientemente de sus talentos, posesiones y posición social, ha obtenido la victoria definitiva sobre esta sentencia de temporalidad y de mortalidad.

La temporalidad dice: "¡Debes partir!".

La mortalidad dice: "¡Debes morir!".

Dado que esto es cierto, todas las obras que hacen los hombres participan de lo que ellos son. La misma maldición que descansa sobre el hombre pecador, caído (a saber, la temporalidad y la mortalidad), descansa también sobre todas las obras que hace el ser humano.

La humanidad se enorgullece de muchas áreas de la vida y de la cultura. El hombre ha usado durante mucho tiempo palabras como *belleza*, *nobleza*, *creatividad* y *genio*. Pero toda obra de la mano del hombre, por noble que sea, por muy inspirada que esté por su genio, por hermosa y útil que sea, sigue teniendo esas dos frases escritas encima: "¡No puedes quedarte!" y "¡No puedes vivir!".

Tales cosas no pasan de ser la obra, la esperanza y el sueño del hombre caído, y Dios le recuerda en todo momento: "Viniste solo para irte, ¡y sin duda viniste para morir!".

Todas las cosas, sin excepción, desde un soneto a un oratorio, un puente moderno o un gran canal, un cuadro famoso o la mejor novela del mundo, todas llevan sobre sí la señal del juicio de Dios: temporalidad y mortalidad.

Nada puede permanecer: está en proceso de partir.

Nada es eterno: es solo la obra del ser humano caído, que debe desaparecer. Y en todas las obras que hace el ser humano no hay ni una que pueda escapar a la sentencia que supone participar de lo que es el hombre.

Sin embargo, un segundo hombre, el nuevo y último Adán, vino a este mundo para traer la promesa de un orden nuevo y eterno para la creación de Dios. El Hijo del Hombre, Jesucristo el Señor, vino y murió, pero al resucitar de la tumba vive para siempre para ser la Cabeza de la nueva creación.

La revelación de Dios dice que Jesucristo es el vencedor eterno, ¡triunfante sobre el pecado y la muerte! Por eso es la Cabeza de la nueva creación, que está cubierta por la bandera de la perfección en lugar de la temporalidad, y por la señal de la vida eterna en lugar de la marca de la muerte.

ESPERANDO LA PROMESA DE DIOS

Cuando pensamos en el flujo y reflujo de la historia humana, y de la incapacidad de los hombres para cambiar la realidad de la muerte y del juicio, parece increíble que unos hombres y mujeres orgullosos, tanto dentro de la iglesia como fuera de ella, se nieguen a cumplir el plan victorioso y eterno de Jesucristo y su programa.

Para los que vivimos hoy día es demasiado evidente la mayoría de los motivos que llevan a no tener en cuenta las promesas de Cristo.

De entrada, el hombre moderno es demasiado impaciente para esperar las promesas de Dios. Mira las cosas desde un punto de vista a corto plazo.

Está rodeado de artilugios que hacen las cosas muy rápidamente. Le han inculcado la cultura de la velocidad: le gusta el café instantáneo y lleva camisas que se secan rápido.

Antes de que caigan las hojas en otoño, su mujer ya se ha comprado el sombrero de primavera. Su auto nuevo, si lo compra después del 1 de julio, ya es un modelo antiguo cuando llega a su casa.

Casi siempre anda con prisas, y no soporta tener que esperar para algo.

Como es natural, este ritmo de vida acelerado crea una mentalidad de impaciencia frente a las demoras, de modo que, cuando ese hombre entra en el reino de Dios, lleva consigo su psicología de corto plazo. Las profecías le resultan demasiado lentas. Pronto, sus primeras expectativas radiantes pierden su brillo.

Entonces es probable que pregunte: "Señor, ¿restaurarás el reino a Israel en este tiempo?".

Cuando no le den una respuesta inmediata, puede llegar a la conclusión: "¡El Señor demora su regreso!".

En realidad, a algunas personas les ha costado mucho descubrir que la fe de Cristo no lleva incorporada una tecla de servicio rápido. El nuevo orden debe esperar el tiempo que elija el Señor, y al hombre apresurado le resulta un plazo demasiado largo.

> **El nuevo orden debe esperar el tiempo que elija el Señor, y al hombre apresurado le resulta un plazo demasiado largo.**

Decide renunciar a su fe y se interesa por otras cosas.

Además, es indudable que el poder adquisitivo prevaleciente en nuestra sociedad tiene mucho que ver con el poco aprecio de la promesa de Cristo cuando dijo que volvería de nuevo al mundo para intervenir en la historia humana.

Si un rico entra con dificultad en el reino de Dios, es lógico pensar que la sociedad que tiene un tremendo porcentaje de personas adineradas será la que tenga también el porcentaje más reducido de cristianos, si todo lo demás sigue igual.

Si "el engaño de las riquezas" asfixia la Palabra y hace que no dé fruto, hoy sería el tiempo de la predicación casi infructífera, al menos en el opulento Occidente.

Y si el empacho, la embriaguez y las cosas de este mundo tienden a hacer que el cristiano no esté preparado para la venida de Cristo, esta generación de cristianos debe estar como mínimo preparada para ese suceso.

En el continente norteamericano, el cristianismo se ha convertido en la religión casi exclusiva de las clases media y media alta; los muy ricos y los muy pobres raras veces se vuelven cristianos practicantes.

La emotiva imagen del santo pobremente vestido, hambriento, que sujeta su Biblia bajo el brazo y en cuyo rostro destella la luz de Dios, y que avanza penosamente hacia la iglesia, es en su mayor parte imaginaria.

Uno de los problemas más irritantes, incluso para los cristianos más fervorosos en nuestros tiempos, es encontrar una plaza de aparcamiento para el reluciente auto que le lleva sin esfuerzo a la casa de Dios, donde tiene la esperanza de preparar su alma para el mundo venidero.

En Estados Unidos y Canadá, hoy día la clase media posee más bienes terrenales y vive con más lujo que los emperadores y los maharajás de hace solo un siglo.

Seguramente nadie discutirá la conclusión de que, dado que la inmensa mayoría de los cristianos procede de esta clase, no resulta difícil entender por qué la expectación genuina del regreso de Cristo prácticamente ha desaparecido entre nosotros.

Es realmente complicado centrar la atención en un mundo venidero mejor cuando cuesta imaginar uno más cómodo que aquel en que vivimos. Mientras la ciencia consiga que estemos tan a gusto en el mundo presente, será comprensiblemente difícil fomentar la anticipación agradable de un orden mundial nuevo si es Dios quien lo ha prometido.

ESTEMOS EXPECTANTES

Sin embargo, más allá de este estado social, tenemos el problema teológico: demasiadas personas tienen una imagen distorsionada del propio Jesucristo.

Vivimos en la era en la que Cristo se ha explicado, humanizado, degradado. Muchos cristianos profesos ya no esperan que Jesús introduzca un nuevo orden. No están nada seguros de que pueda hacerlo; o, si lo hace, será con la ayuda del arte, la educación, la ciencia y la tecnología, es decir, con la ayuda humana.

Para muchos, esta expectación revisada supone un desencanto. Y, por supuesto, nadie puede ser tremendamente feliz al pensar en un Rey de reyes a quien han arrebatado su corona o un Señor de señores que ha perdido su soberanía.

Otra faceta del problema es la confusión permanente entre los maestros de profecía, algunos de los cuales parecen reclamar un conocimiento mayor que el que tenían los profetas a los que afirman proclamar.

Esto puede darse en el ámbito de la historia, pero hace solo un poco más de una generación, en torno a la época de la Primera Guerra Mundial, fue cuando a los cristianos evangélicos los embargó la sensación de que estaba cerca el fin de los tiempos, y todos anticipaban y tenían la esperanza de un nuevo orden mundial a punto de surgir.

Siguiendo el patrón general de la esperanza escritural, este nuevo orden debía estar precedido por el regreso silencioso de Cristo al mundo, no para quedarse, sino para resucitar a los muertos justos a la inmortalidad y para glorificar a los santos que estén vivos, todo en un abrir y cerrar de ojos. A estos los llevará consigo a la fiesta de las bodas del Cordero, mientras el mundo se sume en el bautismo de fuego y de sangre que será la Gran Tribulación. Este será un periodo relativamente corto, que concluirá de forma dramática con la batalla de Armagedón y con el regreso triunfal de Cristo con su esposa para reinar mil años.

Déjame que te asegure que esos cristianos expectantes poseían algo muy maravilloso, que hoy día, por lo general, brilla por su ausencia. Tenían una esperanza que los unía; sus actividades estaban concentradas; esperaban plenamente vencer.

Hoy día, nuestra esperanza cristiana se ha visto sometida a tantos exámenes, análisis y revisiones, que nos avergüenza admitir que creemos que la esperanza que albergamos tiene un contenido sólido.

Hoy día, los cristianos profesos están a la defensiva, intentando demostrar cosas que una generación anterior nunca puso en duda. Hemos permitido que los incrédulos nos arrinconen en una esquina, y les hemos dado ventaja permitiéndoles elegir el momento y el lugar de la batalla.

Nos escuece el ataque del incrédulo casi cristiano, y la defensa nerviosa, tímida, que presentamos se llama "diálogo religioso".

Bajo el ataque despreciativo del crítico religioso, los verdaderos cristianos, que deberían saber mejor lo que se hacen, ahora "reconsideran" su fe.

Lo peor de todo es que la adoración ha dado paso a la celebración en el lugar santo, si es que a esta generación de cristianos confusos aún les queda un lugar santo.

En resumen, creo que hemos de destacar que existe una inmensa diferencia entre la doctrina de la venida de Cristo y la esperanza de su venida.

Sin duda es posible defender la doctrina sin sentir ni pizca de la bendita esperanza. Está claro que hoy día hay multitud de cristianos que sostienen la doctrina, pero lo que he intentado definir aquí es una sensación aplastante de anticipación que eleva nuestra vida a un plano nuevo, y que llena el corazón de un optimismo apasionado. Opino que actualmente esto es algo que, en gran medida, no se da entre nosotros.

Francamente, no sé si es posible o no volver a captar el espíritu de anticipación que motivó a la Iglesia cristiana primitiva y alegró los corazones de los cristianos evangélicos hace solo unas pocas décadas.

Seguro que la represión no nos lo devolverá, ni tampoco discutir sobre puntos poco importantes de la profecía, ni condenar a quienes no están de acuerdo con nosotros. Podemos hacer todas o ninguna de estas cosas sin despertar el espíritu deseado, el de la expectación gozosa. Esa esperanza unificadora, sanadora, purificadora, es para los que son como niños, los de corazón inocente, los sencillos.

Hermanos, dejen que les diga por último que todos esos creyentes expectantes del pasado no estaban completamente equivocados. Solo se equivocaban respecto al momento en que sucedería todo. Creían que el triunfo de Cristo estaba más cerca de lo que lo estaba y, por este motivo, su cronología era inexacta, pero su esperanza era válida.

Muchos de nosotros hemos tenido la experiencia de calcular mal la distancia de una montaña hacia la que nos dirigíamos. Aquella gran masa que se recortaba contra el cielo parecía estar muy cerca, y era difícil convencernos de que no se iba alejando a medida que nos acercábamos.

De modo que la ciudad de Dios parece tan grande para la mente del peregrino cansado de este mundo que a veces es víctima de una ilusión óptica; y puede que se sienta algo más que un poco decepcionado cuando le da la sensación de que la gloria se va alejando de él a medida que se acerca a ella.

No obstante, la montaña está ahí de verdad; el viajero solo tiene que seguir adelante para alcanzarla. Y la esperanza del cristiano también tiene un contenido válido; su juicio no siempre es muy agudo, pero no se equivoca al pensar en el largo plazo. ¡Cuando Dios lo estime oportuno, el creyente verá su gloria!

REFLEXIÓN PERSONAL

1. ¿De qué manera afecta a tu vida actual saber que Cristo es la cabeza de la nueva creación?

2. ¿Has "degradado" a Cristo en tu mente, si comparas tu concepto de Él con el modelo que Tozer nos ofrece en este capítulo?

3. Al reflexionar sobre el ritmo de tu vida, ¿descubres que estás concentrado en la eternidad, o lo que te interesa sobre todo es el tiempo presente?

4. ¿Qué aspecto crees que tendría hoy la Iglesia si tuviera la misma expectación que la Iglesia primitiva respecto al nuevo orden de Cristo?

FUENTES

Capítulo 1: El Dios que existe por sí mismo

A. W. Tozer, *Christ the Eternal Son* (Camp Hill, PA: Christian Publications, 1982; reimp. Chicago, IL: WingSpread Publishers, 2010), pp. 30-42.

Capítulo 2: La imagen misma de Dios

A. W. Tozer, *Jesus, Our Man in Glory* (Camp Hill, PA: Christian Publications, 1987; reimp. Chicago, IL: WinSpread Publishers, 2009), pp. 34-44. Publicado en español por Clie, con el título *Jesús, nuestro hombre en la gloria.*

Capítulo 3: Creador, Sustentador, Benefactor

Tozer, *Christ the Eternal Son*, pp. 18-25, 27-29.

Capítulo 4: La revelación de Dios

Tozer, *Jesus, Our Man in Glory*, pp. 17-23.

Capítulo 5: El misterio de la encarnación

Tozer, *Christ the Eternal Son*, pp. 7-16.

Capítulo 6: El centro de todas las cosas

A. W. Tozer, *Tozer Speaks*, volumen 2 (Camp Hill, PA: Christian Publications, 1994; reimp. Camp Hill, PA: WingSpread Publihsers, 2010), pp. 389-396.

Capítulo 7: El Obrador de milagros

Tozer, *Jesus, Our Man in Glory*, pp. 60-66.

Capítulo 8: El Salvador de las personas

Tozer, *Christ the Eternal Son*, pp. 101-108.

Capítulo 9: El remedio

Tozer, *Tozer Speaks*, volumen 2, pp. 386-89, 395-396.

Capítulo 10: La ofrenda

A. W. Tozer, *Attributes of God*, volumen 1 (Camp Hill, PA: Christian Publications, 2003; reimp. Chicago, IL: WingSpread Publihsers, 2007), pp. 67-74. Publicado en español por Casa Creación con el título *Los atributos de Dios, volumen 1.*

Capítulo 11: Nuestro mediador

Tozer, *Jesus, Our Man in Glory*, pp. 121-126.

Capítulo 12: La resurrección

Tozer, *Tozer Speaks*, volumen 2, pp. 411-420.

Capítulo 13: El Señor ascendido

Tozer, *Jesus, Our Man in Glory*, 78-81; A. W. Tozer, *Warfare of the Spirit* (Camp Hill, PA: Christian Publications, 1993; reimp. Chicago, IL: WingSpread Publishers, 2006), pp. 115-119.

Capítulo 14: Nuestro sumo sacerdote

Tozer, *Jesus, Our Man in Glory*, pp. 93-103.

Capítulo 15: Siempre con nosotros

Tozer, *Tozer Speaks*, volumen 2, pp. 467-475.

Capítulo 16: La Segunda Venida

Tozer, *Tozer Speaks*, volumen 2, pp. 144-152, 156-159.

Capítulo 17: La Cabeza de la nueva creación

Tozer, *Tozer Speaks*, volumen 2, pp. 493-501.

Este libro presenta el significado de ser cristiano en un mundo que no tiene el más mínimo interés en Cristo.

A. W. Tozer lo dice de forma directa: seguir a Cristo hacia el cielo es darle la bienvenida al conflicto mientras estamos en este mundo. Dentro de estas páginas hay reflexiones sobre la verdadera naturaleza de la iglesia, el costo de seguir a Jesús, y la bendita esperanza de quienes van camino al cielo. La lectura de *Cultura* te ayudará e inspirará a vivir de manera mesurada, decidida y audaz en un mundo que preferiría verte conformarte tranquilamente a sus lineamientos.